KB237601

경제학은 없다

미셸 무솔리노 지음
김 찬 우 옮김

한국경제신문사

경제학은 없다

미셸 무솔리노 지음
김 찬 우 옮김

한국경제신문사

경제학을 공부하는 것, 그것은 경제문제에 대해 완벽하게 준비된 해답을 모두 얻으려 애쓰는 것이 아니다. 그것은 경제학자들에게 속지 않는 방법을 배우는 것이다.

-조안 로빈슨(Joan Robinson)-

경제학을 공부하는 목적이란 경제학자들에게 속지 않기 위해서라는 로빈슨 여사의 말이 이 책의 의도를 요약하고 있다고 할 수 있다. 이 책은 경제학의 모습을 경제학 내부에서 비판적으로 바라보고자 한다. 저자 무솔리노는 이 책 전체에 걸쳐 경제학이란 무엇이며, 경제학자란 과연 누구인가, 경제학자가 할 수 있는 일이란 또 하는 일이란 무엇이며 무엇이어야 하는가를 자문하고 있다.

사회가 복잡해질수록 경제학과 경제학자의 필요는 커져가지만 경제학과 경제학자는 그 필요에 응당의 역할을 다하고 있지 못하다. 무솔리노는 말한다. 미래를 예측하는 것이야말로 경제학의 미덕이라고. 그러나 경제학의 역사가 얼마나 많은 오류로 점철되어 있으며, 그를 통해 얼마나 많은 사람들이 고통을 받았는가. 우리는 지난 1년여 동안 IMF사태라는 고통을 경험해오고 있고 따라서 경험적으로 그것을 알고 있다.

무솔리노는 주류경제학이 내세우는 제 이론들을 하나하나 발가벗기고, 그 이론들의 허위를 벗겨낸다. 그리고 이 모든 것이 사기였음을 고발한다. 그리고 그 고발을 통해 경제학은 경제과학으로 자처함으로써 상실한 경제학의 근본 정신인 정치경제학으로, 경제학의 원시 정신으로 되돌아가야 한다고 주장한다.

이 책의 번역을 맡았을 때, 우리나라는 IMF사태가 막 터지기 시작할 때였다. 책의 내용은 우리의 상황에도 시사하는 바가 적지 않은 대단히 흥미로운 책이었다. 또한 널리 알려져 있는 여러 에피소드들의 뒷면을 보는 것은 참으로 흥미로웠다. 그러나 경제학에 대한 지식이 부족했던 나로서는 이 책을 우리말로 옮기는 것은 쉽지 않은 일이었다. 번역에 필요한 만큼이라도 경제학을 공부해가면서 어렵사리 번역했으나, 오역에 대한 두려움은 떨칠 수 없다. 잘못된 부분은 많이 지적해 주시길 바란다.

번역을 마치면서 감사드려야 할 사람들이 있다. 늦어지는 원고 때문에 무던히도 속을 끓였을 한국경제신문 출판팀 관계자들과 교정을 맡아준 여러분들

께도 감사드린다. 특히 경제학에 무지했던 나에게
경제학을 가르쳐주신 박지훈 선생님께도 감사드린다.

옮긴이 김 찬 우

지은이의 말

수 년 동안 나는 이론경제학 교수로 일
해왔다. 나는 나의 생계를 정직하게 꾸
려왔다고 믿고 싶다. 그러나 자주 의심
이 생긴다.

-조안 로빈슨-

경제학을 가르친 지 거의 20년이 된
다. 그 동안 나는 연속되는
강의를 통해 나의 수강생들에게 최소한의 비판의식
을 일깨우려고 항상 노력해왔다. 또한 급박한 교과
과정과 시험기한에 내몰려 억지로 공부하는 데 급급
한 학문에 대해 그들이 약간이나마 초연함을 갖도록
노력해왔다. 나는 시앙스포에서 바르(Barre), 카사
노바(Casanova), 로사(Rosa), 아베레(Haberer)에게
서 경제학을 배웠다. 그 곳에서 보낸 몇 년은 나로
하여금 하나의 의미만을 강요하는 교육에 대해 어느
정도 저항력을 갖출 수 있도록 해 주었다. 나는 카
를 마르크스(Karl Marx)에 대해 이야기를 결코 들어

본 적이 없다. 반면에 대학의 내 친구들은 오직 그에 대한 이야기만을 들었지만, 이것이 더 좋은 것도 아니다. 그래서 나는 나의 학생들에게 이렇게 이해시키고자 애쓰고 있다. 내가 경제학을 가르치는 데 최악의 적은 학생들이 경제학을 모른다는 사실이 아니라, 오히려 그보다는 아무리 훌륭한 학생이라도 대학입학자격시험을 통과하고 고등학교를 졸업할 무렵이면 기성의 너절한 잡동사니 지식과 대중화된 상투적인 이야기에 심하게 젖게 된다는 사실이다. 언젠가 나는 학생들에게 경제학의 오류에 대한 조사를 시켜보고자 한 적이 있다. 그런데 그 결과는 놀라웠다. 우선은 이런 주제에 대한 자료를 찾기가 극히 힘들다는 점에서 그랬다. 나는 순진하게도 이 방면의 책이 무수히 많으리라 생각했었다. 그런데 실제는 베르나르 마리(Bernard Maris)의 《어떤 의심도 개의치 않는 경제학자들》[1]이라는 대단히 흥미로운 책 이외에는 찾아볼 수 없었다. 미국에서 출판된 책을 포함해 나머지 모든 책들은 경제학의 오류와 경제학에서의 잘못된 사상과 상투적인 일반논리에 대해 논의해보겠다고 내세우지만 사실은 경쟁학파들 간의 보복, 그것도 때로는 과격한 보복에 불과했다. 특히 케인스주의는 그런 책에서 공통의 과녁이 되고 있었다. 또한 경제학의 오류가 종종 「낭비」, 경제정책의 실패라는 뜻으로 이해되고 있음을 확인할 수 있었다. 가장 인정하기 어렵고 증명하기 어려웠던

1) Bernard Maris, 《어떤 의심도 개의치 않는 경제학자들(Des économistes au-dessus de tout soupçon)》, Albin Michel, 1990.

것은, 오류가 이론적인 사기일 뿐만 아니라 위험한 논리에 경도된 사고방식 그 자체라는 것이었다.

이런 계기로 나는 이 책을 쓰게 되었다. 나는 몇몇 동료들에게 이에 대해 이야기했고, 내 이야기가 불러일으킨 놀라움에 스스로 놀라기도 했다. 이런저런 경제학자를 비판하는 것이야 문제될 게 있는가? 하지만 경제학을 비판하는 것은 안 된다는 것이다! 내가 목표한 것은 정말이지, 그보다는 훨씬 높은 경지였다. 비록 시간이 흘러 어느 정도는 퇴색한, 그리고 한동안 제쳐두었던 몇 권의 교재들을 다시 읽었다. 나는 경제학이 얼마나 빨리 닳아버리는 학문이며, 진실이란 얼마나 유행에 좌우되는 문제인가를 이해하게 되었다. 비비안느 포레스테(Viviane Forrester)가 《경제적 공포》[2]를 발간했을 때 일어난 반발을 통해 나는 마침내 확신하게 되었다. 이 책은 예상대로 경제학의 문외한들에게는 공감을 불러일으킨 반면, 경제학자들로부터는 거만한 경멸이나 거의 무절제한 모욕만을 받았다.

그녀가 감히 어떻게 경제학을 공격했을까? **여류 소설가**가 말이다! 뱅상 보피스(Vincent Beaufils)는 이렇게 썼다. 『대단히 유복한 유대인 집안 출신이며 은행가의 딸인 비비안느 포레스테 … 우리의 TV 경제학자는 무(無)로부터 거의 200만 프랑의 부(富)를 창조해냈다. 우리의 저자는 … 깨어 있는 상태에서 꿈을 꾸고 있다.』[3] 우리는 이 글에서 그가 그녀에게

2) Viviane Forrester, 《경제적 공포(L'Horreur économique)》, Fayard, 1996.

3) 〈누벨 에코노미스트(Le Nouvel Économiste)〉, 1997년 2월 28일자.

얼마나 무례하게 굴고 있는지 알 수 있다. 그가 이렇게 주장하는 증거가 뭘까? 1996년 소비는 2.6% 증가했다. 따라서 《경제적 공포》의 내용은 모두 틀렸다. 포레스테의 시론(試論)이 감상적일지도 모르지만, 그것은 유익하다. 내가 가르치는 과목 정도는 나도 잘 알고 있다고 생각한다. 그래서 단언하건대, 포레스테가 밖으로부터 우리에게 보여주는 「경제적 공포」는 그 비밀에 조금이라도 입문하게 되면 알게 되는 공포에 비하면 아무것도 아니다.

우리는 **안에서 보는** 공포를 하나 더하고자 한다. 어쨌든 우리의 목표에 대해 사람들이 오해하지 않기를 바란다. 우리가 비록 「환경의 꼭두각시」 모습을 완전히 탈피할 수는 없을는지 모르지만, 경제학을 웃음거리로 삼는 것에 우리의 목표가 국한되지 않도록 노력했다. 우리는 우리의 연구 대상을 철저하게 끝까지 파헤쳐내지 못할는지도 모르겠다. 그러나 비록 그렇다하더라도 주변의 허무주의가 활개치고 다니는 데에 도움을 주고자 하지는 않았다. 우리는 모든 면에서, 그리고 모든 사람들이 일반화한 빈정거림이 누구에게 도움이 되는지를 너무나도 잘 알고 있다. 또한 **상스러운 이야기**는 곧 포기에 가까운 것이라는 점도 확실하게 알고 있다. 이 책을 쓴 것은 사람들에게 더 이상 포기하지 않을 이유를 하나 더 주기 위해서다.

미셸 무솔리노

차 례

들어가는 말

옛날 그리스에서는 철학자와 현자에게 수수께끼를 내어 그들을 시험하는 것이 허용되었다. 만일 철학자가 답을 알아내지 못하면 그는 엄청난 수치와 치욕에 시달리고 때로는 자살을 하기도 했다.

오늘날에도 이런 풍습이 있다면 우리 지식인들은 엄청난 숫자가 죽었을지도 모른다. 그리고 아마도 가장 관련이 큰 집단은 경제학자들일 가능성이 높다.

경제학자란 무엇인가

우리는 수많은 답을 생각해볼 수 있다. 물론 한

가지만 있는 것은 아니겠지만, 가장 간단한 답은
『경제학자란 경제문제의 전문가다』라고 말하는 것이
리라. 이런 대답은 「전문가들」이 우리에게 어떤 문
제를 해결해줄 수도 있다는 점 말고는 이 직업의 본
질에 대해 아무것도 알려주는 내용이 없다. 그렇다
고 해서 이것이 자살할 만한 충분한 이유가 되는가?
『특별한 기술을 발휘할 수 있는 능력을 자기 명성의
근거로 삼는 인간은 바보다. 자신의 정력을 단 하나
의 대상에 집중하는 터무니없는 우를 범함으로써 그
는 한 분야에서는 뛰어날 수 있겠지만 나머지 모든
관심을 배제하는 결과를 낳는다. 그런 인간은 아무
짝에도 쓸모가 없다.』 이와 같이 위험한 생각은 분
명 심사숙고해보아야 한다. 그러나 지나친 냉소주의
에 빠지지만 않는다면 상당히 많은 전문가들에게 적
용해볼 수도 있는 생각이다.

예를 들면 『광우병에 얼마나 많은 사람들이 희생
될 것인가를 예측할 때, 합리적이고도 유일한 예측
은 영(零)에서 수백만 사이다』[1]라고 뻔뻔하게 설명
하는 영국의 전문가들이 바로 그들이라고 할 수 있
다. 경제학자들로 말하자면, 아주 간단히 돌이켜 생
각해보아도, **그들에게 이 생각처럼 잘 맞아떨어지는
말은 없다**는 것을 확인하게 된다.

1) 〈르 몽드(Le
Monde),〉
1997년 1월
17일자.

자신도 틀리고 타인도 속이는 경제학자

최근의 역사를 개관해보면, 경제학자란 전문가들 중에서도 그 주된 임무가 **틀리는 데 있는** 사람이라고 단언할 수 있다. 이것은 반박할 여지가 없는 사실이다. 경제학자는 우선 자신이 틀리고 이어서 타인을 속인다.

최근 몇십 년의 역사는 급격한 도약으로 이루어졌다. 위기는 성장이라는 도도한 흐름의 큰 강을 변덕스럽고 예측할 수 없는 급류로 바꾸어놓았다. 예측할 수 없는? 그렇다. 특히 경제학자들에게 이 급류는 예측 불가능한 것이었다. 어쩌면 그들의 가장 중요한 활동 중 하나가 바로 예측인 데도 말이다.

30년 동안 이 세계는 놀랄 만한 팽창의 시기를 지나왔다. 경제학자들은 마치 그것이 자신들의 창조물인 양 내보이면서 으스댔다. 그들은 이제 성장은 영원하다고, 자신들의 학문의 진보로 인해 이제부터는 어떤 무질서도 있을 수 없다고 우리에게 설명했다. 1929년의 공황은? 증권 공황은? 낡은 역사는 박물관에나 진열하라. 노벨상 수상자인 폴 새뮤얼슨(Paul Samuelson)은 1971년에 『오늘날의 우리 지식으로 우리는 만성적 후퇴를 확실히 피할 수 있다』[2]고 단호하게 주장했다.

그러나 위기는 여전히 계속되고 있다. 어떤 경제

[2] 〈슈피겔(Der Spiegel)〉, 35호, 1971.

학자도 그것을 예측하지 않았다(아니다. 이것은 적당한 말이 아니다. 1세기 전부터 자본주의의 궁극적인 위기를 설파하는 마르크시스트 경제학자가 여전히 있으니 말이다). 몇 년 동안 지속된 회피할 수 없는 놀라움의 순간이 지나고 나자, 경제학자들은 우리에게 수천 가지의 위기탈출 방법을 고안해 알려준다. 그러나 모든 방법이 다 실패한다. 성장이 다시 온다. 모두가 놀란다. 아무도 그것을 예측하지 못했으니까. 증시 공황. 1929년의 반복인가? 모든 사람들의 경악이 앞서고, 뒤이어 몇천 가지의 현학적인 설명이 **그 뒤에** 따라온다. 한 제국이 붕괴한다. 환호할 줄밖에 모르는 사람들의 어리석은 기쁨이, 제국을 건설하는 토대가 되었던 이념을 공유하는 경제학자들의 부끄러움보다 훨씬 더 크다. 다시 한번 어느 누구도 무엇이 오는지 보지 못했다.

그러나 경제학자는 자살하지 않는다.

그것은 그의 능력 밖이다. 헤아리기조차 어려울 정도로 수많은 경제학자의 실수가, 바로 그의 역할이 그만큼 어렵다는 증거인 것이다. 그가 틀리면 틀릴수록 사람들은 더욱 식견 있는 그의 의견을 필요로 한다. 경제학자란 흥미롭게도 자신이 저지른 실수로 인해 자신의 역할과 유용함이 강조되는 유일한 전문가다. 어쨌든 어느 누구도 경제학자가 책임질 것으로 예측하지 않는다. 왜냐하면 경제학자의 조언 없이는 못견디는 존재인 정치인들이 그 책임을 지기 위해 존재하기 때문이다. 정치인들의 정책에 유권자들이 못견디면, 그 땐 다른 정치인들이 등장할 테고 그들은 또 같은 정책을 펼칠 것이다. 다른 경제학자들도 등장할 것이다. 하지만 그둘이 내놓은 가장 현명한 충고란 「엄중함」이라는 단어를 「엄격함」이라는 단어로 대신하는 것이 고작이다. 후자의 어휘는 한 치의 오차도 없이 전자와 똑같은 것을 의미하지만, 정치적으로는 더욱 정확한 것처럼 보인다.

이 모든 것이 일화적으로는 우습게 보일는지 모르지만, 경제학자들은 여느 전문가들과 다르기 때문에 전혀 우습지 않다.

경제학자는 무엇인가

루이 알튀세르(Louis Althusser)는, 경제학은 자신의 대상이 무엇인지 정의하지 못한다는 사실을 강조했다. 경제학은 사실 **방법**의 학문(심지어는 종종 평균값의 학문)이지 결코 목표를 가진, 궁극 목적의 학문이 아니다. 공리주의자의 반성에서 출발한 경제학은 사고의 여러 영역으로 흘러들어가면서 다양해졌다. 경제학은 정밀과학과 인문과학에서 도구를 빌려왔다. 경제학에는 정밀과학과 같은 정확함을 지니고자 하는 야심이 있지만, 한편으로는 인문과학과 같은 신중함도 필수적으로 요구되었기 때문이다. 경제학은 수학에서 함수를 빌리고 수많은 정리(定理)를 만들었으나, 공리(postulat) 중에서 검증할 수 있는 것은 거의 없다. 경제학은 논리학을 이용하지만 종종 결정이라는 어휘의 의미를 정의조차 못한다(어떤 경제학자는 우산을 팔기 때문에 비가 온다고 완강하게 고집을 부릴 수도 있겠다). 경제학은 역사학으로부터도 빌려온다. 그러나 역사학은 이론에 부합하지 않기 때문에 오류가 있다고 경제학은 결론지을 가능성도 있다. 그리하여 『제2차 세계대전은 더 나중에 터졌어야 했다. 왜냐하면 전쟁은 팽창 단계의 산물이니까(누가 이 사실에 대해 의심을 하랴?)』라고 주장할 수도 있는 것이다. 이런 경제학이 문학에, 즉 풍요하지만 또한 그런 만큼 잘 이해되지도 않는 문학에 빠져드는 것은 피할 수 없는 일이다. 존 메이너드 케인스(John Maynard Keynes)의 《일반 이론(The General Theory of Employment, Interest and Money)》(1936년) 이래로 경제학이 생산해낸 것이라곤 무미건조한 산문뿐이었다. 내용에 대한 과도한 야심은 필연적으로 따분한 형식으로 표현된다. 어느 경제학자도 실질적으로 문체를 세련되게 다듬는 데 공헌한 바 없다. 어쩌면 마리가 「노련한 문체」라고 칭한 것은 예외랄 수 있겠다. 그러나 부르디외(Bourdieu)의 말에 따르면 그 문체의 특성이란 「형식적으로는 정확하지만 의미적으로는 비어 있는 담론」을 생산하는 것에 불과하다. 이와 반대로 경제학자들은 흉물스런 신조어와 싫증날 정도로 반복되는 괴상한 이미지만을 생산해내는 데에는 지대한 공헌을 한다. 그리하여 시장은 자주 「불안정하고」 자본은 정기적으로 「열에 들뜬다」. 불행하게도 전망은 여전히 「막혀 있다」. 심지어 경제학자가 자신의 어휘를 정의하는 순간에도 이런 인상주의적인 산문에 사로잡힌다. 그리하여 경제학은 「전체의 분배를 주재하는 질서」[3]이며 「기업가는 불확실한 차이를 지탱하는 주체」[4]다. 첫번째 정의는 논문의 구상에 적용해볼 수 있고, 두번째 정의는 복권 투기꾼에게 적용해볼 수 있다는 사실에서 우리는 일반적으로 시행되고 있는 것으로서 경제학이라는 학문의 엄격함이 어떠한 것인지 잘 알 수 있다.

자신의 대상을 정의할 능력이 없는 경제학은 집중적으로 빌려온다. 경제학의 차용에 기여하지 않는 학문은 거의 없다. 사회학, 유체역학, 언어학, 철학, 열역학, 심리학, 기호학, 기상학 등. 이렇게 해서 경제학 지식은 엄청난 지식의 잡동사니로서, 상호학문성(interdisciplinarité)의 모습을 가장해 나타난다. 경제학자는 모든 수단을 이용한다. 그는 대단히 호기심이 많고, 그래서 자신의 건축물을 위해서는 철근 장선과 안개의 단면을 무차별적으로 사용하는 건축가다.

경제학의 수학적 공식화를 위해 많은 일을 한 빌프레도 파레토(Vilfredo Pareto)는 경제 변동을 순진하게도 이렇게 설명한다. 『인간 행위의 발현이 지속

3) André
Chaîneau,
《통화정책과
기구(Mécanismes
et politiques
monétaires)》,
PUF, 1970

4) Henri Guitton,
《정치경제학
(Économie
politique)》,
Dalloz, 1985

적인 행보로 나타나는 경우는 거의 없다. 그것은 대개는 구불구불한 곡선 모양을 띤다. 인간이 정 중앙에서 걸음을 멈추는 경우는 대단히 드물다는 사실을 무엇보다도 주목해야 한다. 인간은 항상 이쪽이나 저쪽을 조금씩은 강조한다. 인간은 희망에서 두려움으로, 지나친 신뢰에서 지나친 불신으로 옮겨간다.』[5]

경제학자들로 구성된 종교집단은, 그 집단이 전파하는 지식처럼 대단히 많고 이질적이다. 이 거대한 가족의 구성원들을 혼동해서는 안 될 것이다. 모두가 똑같은 야심을 갖고 있는 것은 아니며, 똑같은 권위를 갖고 있는 것도 아니다.

맨 밑에는 보병, 해설자, 세속인이 있다. 말하자면 저널리스트, 시사평론가, 경제학과 사회학을 가르치는 사람들, 기업 컨설턴트, 이론에 대한 야망을 가진 실무전문가들이 그들이다. 이들의 임무는 대중을 가르치는 일이다. 이들은 자신들이 뛰어넘을 수 없는 한계, 즉 자신들의 능력이라는 한계 안에서 거대한 프로그램을 수행하고 있다. 이들은 문외한에게 경제를 설명하려 애쓰지만 자신들이 모든 것을 다 아는 것은 아니라고 설명할 수는 없는 노릇이므로, 마치 유행처럼 변하는 상투적인 이야기를 되풀이하는 것으로 그친다.

그보다 약간 위에는 수도사 계급의 세계가 있다. 사상의 예배당, 안락하고도 포근한 대학과 연구소라는 은신처, 비교적(秘敎的)인 종교의식에 헌신하는

5) Vilfredo Pareto, 《정치경제학 강의(Cours d'économie politique)》, 1896.

숨겨진 조직이 그것이다. 이 곳에 있는 수도사들의 첫째 임무는 쓰고 말하는 것이다. 끝없이 논문을 쓰고, 이어서 자신들이 쓴 내용에 대해 이야기하기 위해 지루하기 짝이 없는 토론회에 집결하는 것이다. 프랑스에는 공공기관에서 일하는 이들이 많다. 그들이 우리에게 쏟아붓다시피 하는 막대한 양의 출판물은 **프랑스 문헌관리소**의 문에 이르자마자 곧장 절판된다. 이것이 그들의 수고가 현실적으로 어떤 가치를 가지는가를 서글프게 반영한다.

최상층에는 무대의 불빛이 잘 비치는 곳에 고위성직자들과 추기경들이 자리잡고 있다. 이론을 창조해내는 수준까지 발돋움할 능력은 없으나 모든 이론을 자신들이 대표하겠다는 야심을 가진 이 사람들은 대중과 전문가들, 그리고 특히 권력자들로부터는 무한대의 신뢰를 누리고 있다. 프랑스에서 이 계층은 아탈리-맹-소르망(Attalie-Minc-Sorman : 정치적 감수성을 고려해 좌파부터 우파까지)이라는 성스러운 삼위일체로 대표된다. 이들의 공통점은 무수히 많다. 평생토록 계급의 최상층에 위치하며 무시할 수 없는 저작을 정기적으로 쓰고자 하는 그들은 왕자에게 충고하는 데 자신들의 재능을 발휘하고 있다(우리는 아탈리와 맹의 저서는 알고 있고, 기 소르망은 1989년에 쓴 《20세기를 움직인 사상가들》[6]이라는 책의 제목이 저자의 야심을 여실히 드러내고 있다). 그러나 대단히 높기는 하나 그들이 뛰어넘을 수 없는 이 수준이 바

6) Guy Sorman, 《20세기를 움직인 사상가들 (Les Vrais Penseurs de notre temps)》, Fayard, 1989.

두 세기 만에 경제학은
자신의 계획을 실현했다.
즉 자신의 형상대로 세상을 만드는 것,
그리고 다른 모든 비전은
불가능하게 만드는 것.

로 그들 능력의 한계다.

경제학이라는 창공의 정점에는 모두가 인정하는 별들, 경제사상의 교황들이 빛나고 있다. 바로 노벨상 수상자들 말이다. 이들은 당연히 상당한 고령이다. 이들은 평생을 학설의 요점의 참뜻을 명확히 하는 데 바쳤으며, 그런 경지에 이른 것으로 평가받지만, 대개는 앵글로색슨 경제사상이 지배하고 있는 모습을 구체적으로 대변하는 것에 불과한 경우가 종종 있다. 진정 정당한 평가를 요구할 권리를 가졌던 예외적인 인물은, **한 명**의 프랑스인과 **한 명**의 러시아인뿐이었다. 따라서 상당수에 이르는 수상자 명단에서 진정으로 그 영예를 받아 마땅한 전후의 많은 경제학자들의 이름을 찾아보았자 헛일이다. 한 사람만을 예로 들어보자면, 피에로 스라파(Piero Sraffa)를 들 수 있을 것이다.

모든 노벨상 수상자들이 자신들의 지고한 직무의 본질에 대해 같은 생각을 갖고 있는 것은 아니다. 몇몇은 지혜롭게도 자신들의 연구의 한계를 인식하고 있다. 그런 이들은 주위에 대해 경멸어린 태도로 일관하며, 사람들이 간청해올 때면 자신들은 이 속세의 일에 대해서는 아무런 할 말이 없노라고 말한다. 노벨상 수상자 중 유일한 프랑스인인 모리스 알레(Maurice Allais)의 경우가 그렇다. 반대로 다른 이들은 출판, 인터뷰, 여러 토론회에서 발언을 쏟아낸다. 그야말로 정치 책임자들에게 영향력을 강제하고자 하는 것이 그들의 야심이며, 그들이 분명하게 밝히는 희망이다. 생존해 있는 경제학자 중에서 아마 가장 유명하고도 가장 존경받는 경제학자인 밀턴 프리드먼(Miton Friedman)의 경우가 그렇다.

여느 전문가 집단과도 비교할래야 비교할 수 없는 이 종교집단이 지닌 권능이 어느 정도인지를 분명히 밝힐 때다. 철학자들이 생각해내는 데 2000년 걸린 것을, 경제학은 두 세기 만에 실현하려고 한다. 즉 문제는 세상에 대해 숙고하는 것이 아니라 그것을 변모시키는 것이다. 두 세기 만에 경제학은 자신의 계획을 실현했다. 즉 자신의 형상대로 세상을 만드는 것, 그리고 다른 모든 비전은 불가능하게 만드는 것 말이다.

지금 세상은 전적으로 경제학에 의해 만들어진 것이라는, 언뜻 보기에는 대수롭지 않아 보이는 이 이념을 과소평가한다면 실수하는 것이다. 지금 이 세상이 전적으로 경제학에 의해 만들어졌다는 것은 경제학의 논리에 따른다는 의미로 생각할는지도 모른다. 그런 의미라면, 바로 다음과 같은 내용을 의미할 것이다. 즉 이 세상은 이제 지난 시대의 이데올로기에서 벗어나 효율성, 합리성, **자원의 최적 배분**, 그리고 모든 형이상학의 거부라는, 말하자면 「당연한」 원칙들을 마침내는 받아들인다는 뜻일 것이다.

시간을 초월하는 논리이기를 바라지만, 경제학은 하나의 이데올로기일 뿐이다. 천성적으로 모든 이데올로기를 부인하는 이데올로기, 그리고 현실적으로 매일같이 자신에게 부과되는 반증(反證)에도 불구하고 사람들에게 노동 방식, 삶의 방식, 심지어는 **부끄러움을 느끼는 방식**까지 강요하는 이데올로기에 불과하다.

그래서 어느 당당한 부인이 《경제적 공포》를 써야 했을 것이다. 『부끄러움도 증권거래소에서 과세되어야 한다. 왜냐하면 부끄러움은 중요한 이윤 요소의 하나이기 때문이다』라는 진실을 담고 있는 경제학 책을 사람들이 읽게끔 하기 위해 말이다. 포레스테는 말했다. 자신의 책을 읽고 실업자가 더 이상 부끄러워하지 않는다면 자신은 목표를 이루었다고 여길 것이라고…. 우리는 이같이 버림받은 부끄러움이 오래도록 버려진 채로 방치되지 않기를 바란다. 그래서 만일 어떤 경제학자가 한 순간만이라도, 건성으로라도 이 부끄러움을 붙잡아준다면 우리는 만족스러울 것이다.

1

아주 슬픈 예측

예측 없는 경제학은 없다. 「실천과학」으로서의 경제학은 사용가능한 결정에 대해 정확한 정보를 줄 수 있을 때만 유용성을 갖는다. 결정은 **미래에 가서야** 비로소 이해될 수 있기 때문에 예측이야말로 경제학자의 첫번째 지상명령이다. 예측은 어떠한 경우에도 보조 행위나 무상(無償)의 심심풀이가 결코 아닌 것 같다. 지금의 경제학자는 철두철미한 통계학자들의 정교한 도구와 진짜 무적함대를 사용할 수 있게 되었다. 따라서 정치인들과 「결정권자들」이 경기변동의 소용돌이 속에서도 우아하게 운신할 수 있도록 해주어야 마땅할 것이다. 그런데도 바로 이 부분에서 경제학자는 눈에 띄게 오류를 고집하고 있다. OFCE[1]에서 오래도록 일해온 전문가 미셸 고데(Michel Godet)가 말하는 바를 살펴보자. 『산업사회의 경제사는 끊임없이 잘못된 예측으로 점철되어 있다. 심각한 것은 오류가 있다는 것 그 자체보다는, 예측이 검증되는 순간에 지난 오류들을 철저하게 잊어버린다는 데 있다. 예측의 실패로 여기저기에서 야단법석이 일면 일수록 예측은 더욱더 당당한 태도를 보이는 경향이 있다. 오류가 너무나도 흔해 마침내는 오류가 예측의 주요한 특성 중 하나로 보일 수 있을 정도다.』[2]

경제학의 오류는…

경제사를 점철하고 있는 예측의 오류 중에서 몇몇은 유명해졌고, 그보다 더 많은 수의 오류는 잊혀졌다. 물론 인간은 실수를 통해 진실에 접근해가는 법이다. 경제학도 이러한 역사를 통해 많은 진전을 이루었다. 인류가 기아에 내몰리리라고 본 토머스 로버트 맬서스(Thomas Robert Malthus)로부터 오로지 정체상태와 영(零)에 접근하는 이윤만을 자본주의의 미래로 보았던 데이비드 리카도(David Ricardo)를 거쳐, 혹독한 고통 속에서 자본주의가 몰락하리라는 것과 **스위스**에서 사회주의가 승리하리라고(그러나 어떤 경우에도 러시아에서는 아니다) 예견한 마르크스에 이르기까지, 경제학자들은 우리를 당황하게 하는 예

1) 프랑스경제정세관측소 (Observatoire français des conjonctures économiques)
2) Michel Godet, 《예측의 위기, 미래학의 발전 (Crise de la prévision, essor de la prospective)》, PUF, coll. L'Économiste.

측을 자주 내놓았다. 그러나 이것은 그 학문의 유년기에 불과했다. 경제학은 발전했지만, 20세기 경제학자들이 더 신중해지지는 않았다.

당대에 가장 저명한 경제학자 중 한 사람이며 통화주의(monétarisme)의 아버지인 어빙 피셔(Irving Fisher)가 어떻게 하여 1929년 직전에 『주식 시세는 확실히 항구불변의 높은 수준에 이르렀다』라고 단정지었는지 우리는 기억하고 있다. 로저 밥슨(Roger Bobson)과 같은 몇몇 학자들의 경계에 대해 태반의 경제학자들은 다음과 같이 응수했다. 『수백만의 사람들이 증시라는 놀라운 시장에 대해 값을 매기고 있는데, 그들은 현재 주식이 과대평가되고 있지 않다는 합의에 이른다. 지성을 가진 이 대다수 사람들의 판단을 당당히 거부해도 좋을 만큼 무한한 지혜를 가진 인간 집단이 도대체 어디에 있단 말인가?』[3]

허버트 클라크 후버(Herbert Clark Hoover) 대통령이 발표했던 것처럼, 대변동이 일어났음에도 불구하고 사람들 사이에서는 계속해서 「길 모퉁이에서 번영」을 보는 식의 낙관주의가 여전했다. 위기가 항구적으로 자리잡을 것처럼 보이는데도 경제학자들은 위기가 닥쳐오는 것을 볼 능력이 없었다. 그럼에도 불구하고 그들은 그 잘난 집단과 함께 한심한 생각에 빠졌다. 라이오넬 로빈스(Lionel Robbins) 같은 몇몇 사람들은, 위기는 **국가의 간섭 탓**이라고 주장

3) Joseph Stagg Lawrence, 프린스턴의 경제학자.

함—말도 안 되는 소리—으로써 낡아빠진 자유주의 이론을 구해보려 애썼고, 다른 이들은 마르크스가 예고했던 그 유명한 최후의 위기를 생각했다.

1930년대에는 새로운 이론적 감수성이 퍼져나갔다. 「정체주의(stagnationnisme)」가 그것이다. 이런 「시대적 분위기」의 희생자들 중 조안 로빈슨(Joan Robinson) 여사가 있다. 그녀는 대경제학자들 중 유일한 여성이다(이런 이유로 그녀는 결코 노벨상을 수상하지 못했다). 정체주의자들은 뭐라 말했던가? 그들은 단언하기를, 경제체계는 이미 한계에 이르렀으며, 아직까지는 감히 「제로 성장」이라고 부르지 못했던 것에 이제는 익숙해져야 한다고 주장했다. 그러나 이로 인해 그들은 총체적 상상력의 결핍을 드러냈다.

그로부터 몇 년 후 이 세계는 역사상 가장 엄청난 성장을 경험하게 된다. 어느 누구도 이것을 예측하지 못했다. 「콘드라체프 주기(역주 Kondratiev Cycle : 경기순환형의 하나. 경제동향에서 볼 수 있는 50~60년 주기의 장기 경기파동)」를 이제 막 발견한 요제프

슈페터(Joseph Schumpeter)만이 예외였다. 위기가 있는가? 그러므로 성장이 있을 것이다. 경제 지식은 이제 막 거대한 도약을 이루었다. 그러나 불행하게도 슈페터 역시 자기 시대의 비관주의에서 완전히 벗어나지는 못했다. 왜냐하면 성장의 회복과 함께 자본주의의 종말을 예측했기 때문이다. 『자본주의는 선택의 자유만이 아니라 가치체계도 의미한다. 불평등의 문명이 빠르게 소멸하고 있는 중이다. … 이 명백한 사실을 못 본 척하지 말자.』[4]

똑같은 비관주의가 인구통계학 분야에서도 유행하고 있었다. 예를 들면 1943년 당대의 경향(예측의 토대가 되는 방법)을 좇아 프린스턴의 인구통계학자들은 프랑스의 인구는 1950년에는 3,900만, 1970년에는 3,600만에 이를 것으로 내다보았다.

전쟁은 모든 사건 중에서도 가장 예측 불가능한 것이었다. 전쟁이 적극적으로 준비되었다는 것은, 아마도 『평화를 원한다면 전쟁을 준비하라』는 낡은 원칙을 적용한 데 불과했을 것이다. 경제학자들이라면 분쟁의 소지를 철저히 없애기 위해 훨씬 더 신중한 근거를 제시했을 수도 있다. 순환주기를 연구한 경제학자들이, 전쟁은 항상 **팽창단계**에서 발발한다고 이미 지적하지 않았던가?

성장을 거듭하던 1945~73년의 30년은 장 프라스티예(Jean Fourastié)가 적절히 명명했듯이, 경제학에서뿐만 아니라 경제학자들에게도 「영광스러운」 시기

4) Joseph Schumpeter, 《자본주의, 사회주의, 그리고 민주주의 (Capitalisme, Socialisme et Démocratie)》, 1942.

였다. 가난에 찌든 세대가 달려들어 이해하려 애쓴 난해하기 짝이 없는[5] 케인스의 가르침을 받고서, 국가 간섭의 전지전능함을 이제 확신하게 된 경제학자들은 신중함을 완전히 상실해버렸다. 1963~68년의 기간 동안 950억 달러의 세수 하락을 예측했으나 결국은 550억 달러의 흑자를 본 린든 베인스 존슨(역주 Lyndon Baines Johnson : 1908~1973, 미국 제36대 대통령)의 고문들처럼, 학자들의 틀린 예측은 다행히 좋은 의미로 결과가 나타났다.

이제 막 노벨상을 수상해 고귀한 지위에 서게 되자 폴 새뮤얼슨(Paul Samuelson)은 아마도 역사상 가장 많이 팔린 경제학 개론서인 1972년판의 《경제원론(L'Économique)》(Armand Colin)에서 다음과 같이 예고할 수 있었다. 『근대적인 우리의 경제예산 시스템은 매우 효율적이며 자동적인 안정의 힘을 구조적으로 갖추고 있다. … 1975년에(원문 그대로 옮긴 것이다!) 의회의 휴가 기간 동안 경기 후퇴가 시작되는 경우가 생긴다 하더라도 즉각 강력한 힘이 자동적으로 작동하기 시작할 것이다. 위원회를 소집할 필요도 없고 참신한 해결책을 마련하기 위해 당국이 머리를 쥐어짤 필요도 없다.』

그뿐 아니라 그는 『해결할 수 없는 단 하나의 중요한 문제는 완전 고용과 가격 안정 사이의 잔인한 흥정에 있다』[6]고 고백했고, 어쨌든 『우리는 오늘날의 우리 지식을 통해 만성적인 경기 후퇴를 어떻게

5) 《일반이론》은 경제학사상 가장 읽기 어렵고 가장 형편없이 쓰여졌으며 가장 난해다는 것이 일반적인 견해다.

6) Lantner와 Alii 인용, 《경제정책의 이론과 적용(Théories et applications de politique économiques)》, Documents de travaux dirigés, Université de Paris I-Sorbonne, année universitaire 1988-89.

하면 피할 수 있는지를 확실히 알고 있다』[7]고 주장했다. 그러나 1975년은 경기 후퇴가 실제로 시작되는 해가 되고야 말았고, 아이러니컬하게도 이 같은 **만성적인** 경기 후퇴는 실업과 인플레이션 사이의 「잔인한 흥정」 문제를 산산조각 내버렸다. 이후로는 이 둘 모두가 증가하게 될 것이고, 그에 대한 대가를 똑같이 치르게 될 것이었기 때문이다. 이제부터 당국은 「머리를 쥐어짜는 일」을 정말로 그만두었다고 말할 수 없게 되었다.

노벨상의 경박함에 대해 역사가 경고했음에도 불구하고 새뮤얼슨이 눈에 뜨일 만큼 서둘러 자신의 베스트셀러 개론서를 내놓았다는 사실에 주목해보자. 1982년판의 책에서도 위에서 인용한 문단은 연도만을 제외하고 그대로 반복되었다. 『1985년에 의회의 휴가 기간 동안에….』 조금 뒤쪽에 가면 다음과 같이 우리의 마음을 든든하게 해주는 확인까지 덧붙였다. 『대규모의 불황이 일어날 가능성은 무시해도 좋을 만한 수치로 줄었다.』

그럼에도 불구하고 새뮤얼슨은 다음과 같이 인정해야 했다. 『손쉬운 거시경제학의 승리가 우리를 뒤에서 받쳐주고 있다. 혼합경제체제는 지금 스태그플레이션이라는 만성 질환에 시달리고 있다. 정책을 통해 문제의 스태그(stag) 부분에 도움을 주고자 하는 것이 플레이션(flation) 부분을 악화시키는 경향이 있다. 말하자면 후자에 도움이 되는 것이 전자에 해

7) 〈슈피겔(Der Spiegel)〉, 35호, 1971.

를 끼친다. 그리하여 딜레마는 상존하고 있다.』

위기가 시작되었으니, 마음이야 아프지만 서둘러 또 다른 수정을 가하지 않을 수 없었다. 운 나쁘게도 1973년 출판된 존 케네스 갤브레이스(John Kenneth Galbraith)의 《경제학과 전체의 이익(La Science économique et l'intérêt général)》[8]에는 16행의 편집자 주가 달려 있는데, 환멸을 느낀 듯한 그 각주는 거두절미하고 이렇게 쓰여 있다. 『이 책에서 저자는 해결책을 제시했다. 현 상황에 대해 그가 내린 진단을 최근에 미국 대통령에게 알렸는데, 그 진단은 미국 대통령으로 하여금 처방을 크게 바꾸도록 유도했다….』

그러면 성급한 독자는 400여 쪽이나 이어지는 책의 첫부분 몇 줄만 읽고서도 그 책이 이미 완전히 시대에 뒤처진 것임을 알 것이다. 이런 부분은 경제학의 훌륭한 교훈이라 하지 않을 수 없다.

프랑스를 예로 들면, 우리는 경제계획과 함께 철저히 예측 연습에 근거를 둔 강력한 국가경제관리기구를 갖고 있었다. 성장이 지속되는 동안에는 이 기구가 정확히 작동하는 것처럼 보였다(그러나 거의 대부분의 중소기업들은 **그렇게 인정하지 않았다**). 이어서 발레리 지스카르 데스탱(Valéry Giscard d'Estaing) 덕분에 자유주의가 차츰 권력의 상층부에 자리잡아가면서, 사람들은 그 기구를 점차 까맣게 잊어버렸

8) John Kenneth
Galbraith,
《경제학과
전체의 이익》,
Gallimard, 1973.

34

다. 그럴 때였다. 1970~80년대 그 기구의 예측은
초현실적인 것이 되었다. 달성된 성장은 예측되었던
것의 절반에 불과했다. 1980년에는 완전고용을 이룰
것이라고까지 발표하지만, 실업자 150만 명이라는
난관에 봉착한다. 무슨 상관이랴. 경제계획의 목표
를 확정짓지는 못하지만, 몇 가지의 우선적인 주노
선은 설정할 것이다. 어쨌든 사태는 베르나르 마리
(Bernard Maris)가 8차 경제계획에 대해 심술궂게
이야기하는 것처럼 되고 말았다. 『목표는 물론이고
방법조차 전혀 확정짓지 못했지만, 그럼에도 불구하
고 경제계획은 적용되지 못하는 데에는 성공한다.』[9]
그 후 프랑수아 모리스 미테랑(François Maurice
Mitterrand)이 미셸 로카르(Michel Rocard)에게 책
임을 맡겼다는 사실은 연습이 모든 효익을 완전히
상실했다는 것을 잘 보여주고 있다.

노스트라다무스의 새 냄비

경제학은 기억상실증에 걸린 낙관주의에서 영생한
다. 오로지 미래 쪽으로만 몸을 돌리고 있는 경제학
은 지난날의 인습을 거만하게 고찰한다. 그 인습이
란 경제학이라는 학문이 지은 젊은 시절의 실수였으
며, 제대로 된 능력을 갖춘 이론적·통계적 도구가
없었기에 생겨난 실수였다는 것이다.

　오늘날에는 이상하게도 미래학과 예측이라는 중요

9) Bernard Maris,
《어떤 의심도
개의치 않는
경제학자들》,
Albin Michel,
1990.

한 학문들이 몸을 감추어버렸다. 미래를 탐색하고 예측한 것을 우리에게 알려줄 임무를 가진 기구가 세계적으로 10여 개 존재한다. 프랑스 국립통계청(INSEE)에서 국제통화기금(IMF)과 세계은행에 이르기까지, 경제협력개발기구(OECD)에서 프랑스경제정세관측소(OFCE)에 이르기까지 경제와 관련된 이 패거리들은 내일이 어떻게 될 것인가에 대해 심사숙고하는 일을 책임으로 삼는다. 그래서 우리는 적어도 일 주일에 한 번은 우리의 미래에 대한 뉴스를 듣는다. 이 위대한 전문가들께서 사용하는 도구는 이웃 사람들에게 앙케트 조사하는 것(기업 책임자들에게 주문 접수장에 대해 이야기해달라고 부탁하고, 심지어는 기분이 어떠냐고 묻는다)처럼 아주 간단할 수도 있고 조금 더 복잡할 수도 있다.

예측의 토대가 되는 도구는 모형(Modèle)이다. 비슷하기로 따지자면, 이는 수정 구슬보다 원자력 발전소와 더 흡사할 것이다. 모형이란 경제 현실을 숫자화한 시뮬레이션이다. 이 모형은 언제나 두 가지 요소를 가진다. 가능한 한 정확한 현장 상황이 그 하나이고, 작동 방식과 주요 변수들 사이의 상호 관계를 지배하는 법칙의 집합이 다른 하나다. 우리가 알고 있는 경제기구는 모두 이 법칙으로 요약된다고 여겨진다. 예를 들면 투자가 증가하면 소득은 그에 비례하는 것 이상으로 증가하며(그 유명한 「승수」) 가계지출은 「한계소비성향」에 따라 증가하는 것으로 알려져 있다. 우리는 소비에 도입된 생산물의 몫을 알고 있다. 「재정구축효과」나 「회복 효과」를 몇 가지 더해보라. 그러면 모든 기구 전체가 어떤 식으로 발전하게 될지를 시뮬레이션해보는 것이 가능해지리라. 출발점과 진행 중인 전개상황을 알고 있으니 미래를 쉽게 **계산할** 수 있다.

예를 들면 OFCE가 모자이크[경제의 수량적 분석과 해석, 시뮬레이션을 위한 모델(MOdèle pour la Simulation, l'Analyse et l'Interprétation QUantative de l'Économie : Mosaïque)]로 불리기도 하는 마스토돈([역주] mastodonte : 마이오세에서 플라이스토세까지 유라시아와 북아메리카에서 서식했던 코끼리 모양의 화석동물)을 갖고 하는 일이 바로 이런 것이다. 차라리 여러분이 판단해보라. 다섯 개의 동인(agents), 일곱 개의 분기(branches), 특히 815개의 함수, 그리고 1,480개의 변수(그 중에 665개가 외생변수)! 그 밖에도 **언더그라운드에** 잘난 짐승들이 있다. 재무장관은 예산 수립을 위해 메트릭 서비스(les services de Metric : 1,000여 개의 방정식으로 이루어져 있다)를 이용한다. 이카루스(Icare), 모글리(Mogli), 코팽(Copain), 피티(Piti), 스타(Star) 등 시적인 이름을 가진 다른 모형들 역시 이에 못지않게 복잡하다. 이것이 프랑스의 상황이다. 미국 역시 동물 우화집을 방불케 하는 예측 모형을 사용한다(Brookings, Wharton, Box-Jenkins, DRI, MPS 등

등). 대체로 국가경제연구국(National Bureau of Economic Reserch : NBER) 내에 주류를 이루는 절대적 경험론에 근거를 둔 이들 모형은 종종 경제학자들로부터도 빈정거림의 대상이 된다. 마리에 따르면 이들 모형은 「경제학에 대한 무지를 완벽하게 고백」하는 것을 상징한다. 왜냐하면 그 모형들이란 『동인(動因)이 어떻게 작동하는지 모르고서, 사실은 동인이 있는지 없는지조차 모르고서 수립되었기 때문이다.』

도구가 무엇이든 간에 목표는 같다. OFCE의 진단국(診斷局) 책임자인 필리프 시고뉴(Philippe Sigogne)에 따르면 경제정세 분석가의 임무는 아주 신중하게 규정하는 것이다. 현 상황을 규정하고 현행 추세를 규정하며 가능성 있는 변곡점을 규정하는 것이다. 시고뉴의 증언에 따르면 마지막 포인트(다시 말하자면 예측 그 자체)는 『경제예측 전문가들에게 악몽이다』. 그뿐만이 아니다. 『예측을 위한 도구는 더욱 좋아졌지만 이 악몽은 최근 몇 년 동안 더욱더 악화되기만 했다.』[10] 이는 베르시(Bercy)도 인정하는 바다. 『예측하기 가장 어려운 시기는 경기가 활기를 되찾는 반전의 시기다.』[11] 흥미롭지 않은가?

분명한 것은, 경제정세 분석가는 미래를 탐색하기 위해 자신의 구슬 속을 들여다보는 것만큼이나 이웃의 구슬을 들여다본다는 것이다. 『따라서 경제예측

10) 〈프랑스 노트(Les Cahiers français)〉, 235호, 3-4월, 1988.

11) 〈Les Notes bleues〉, 3월, 1994.

전문가들은 대개 신중해보인다. 왜냐하면 그들은 경제발전 예측치의 편차가 커지는 것을 두려워하고 남들과의 의견일치(consensus)에서 자신만이 멀어질까 주저하기 때문이다.』새뮤얼슨이 말했듯이, 『경제예측 전문가들은 한 침대에 누워 있는 여섯 명의 에스키모 모습과 같다. 우리가 확신할 수 있는 단 한 가지는, 그들은 모두가 함께 돌아눕는다는 것이다.』실제로 그들은 신중함 때문에 혼자서 옳기보다는 다른 사람들과 함께 틀리는 쪽을 선택하게 된다. 모두가 잘난 전체 속에서 틀리는 것이다.

1991년 재정법(la loi de finances) 수립의 토대가 되었던 예측은 2.7%의 GDP 성장이었다. 실제로는 0.6% 성장에 그쳤다. 1993년 격차는 더욱 커져 2.6% 성장을 예측했으나 오히려 마이너스 0.8%로 뒷걸음질쳤다. 그러나 베르시가 말하는 바와 같이, 『이러한 수치의 오차가 비록 크기는 하지만 완전히 예외적인 것은 아니다. 1975년의 경우에는 오차가 3.9 포인트였다(4.2 예측에 0.3 달성).』다행스럽게도, 어쩌면 이를 상쇄하기 위해서인지도 모르지만, 『반대 방향으로 큰 수치의 오차가 있었다. 1969년 2.9 포인트(예측 5에 달성 4.3 [역주] 씌어진대로라면, 차이가 0.7포인트인데 저자의 착각으로 보임, 원문대로 적은 것임을 밝혀둠), 그리고 좀 더 가까운 시기로는 1988년의 2.1포인트(예측 2.2에 달성 4.3)가 있다.』[12]

이러한 발표가 아무런 파장 없이 조용히 지나간다

12) 〈Les Notes bleues〉, 앞의 책.

는 것은 바로 이런 의미가 아니겠는가. 즉 『이제부터는 오류가, 경제학자가 갖추는 장비의 일부가 되었다. 그러니 경제학자가 틀리지 않는다면, 그것도 어느 정도는 완벽하게 틀리지 않는다면, 그는 경제학자가 아니다.』[13] 한 술 더 떠서, 이제부터는 오류가 연구 대상이 되었으며, 학술적인 소논문과 **통계학**의 대상이 되었다. 이처럼 간략한 간행물을 통한 우회는 대단히 유익한 것으로 확인된다. 그래서 카린 부트빌랭(Karine Bouthevillain)은 26쪽의 연구논문의 결말에서 이렇게 쓰고 있다. 『예측이란 행위는 본질적으로 부정확하다. 경제정세 분석가가 경기 관련 정보, 즉 이미 실현된 것에 대해 알려주는 정보를 더 적게 사용하고 거시경제학적 추론에 매달리게 됨에 따라 부정확도는 더욱 악화된다.』[14] 이것은 무엇을 뜻하는가? 통상적인 말로 옮겨보자면, 경제정세 분석가가 예측할 일이 많아지면 많아질수록 그가 틀릴 확률은 더 커진다는 뜻일 수 있다. 기존의 달성된 것들에 대한 정보의 결핍을 둘러대기 위해 「추론에 일임하는」 이 소심증환자를 칭찬해주자. 이것이 의미하는 바는 예측의 가장 큰 어려움은 정보의 부재(不在), 현재에 대한 정보의 부재에 있다는 것 같다. 때때로 정보의 순환 속도가 느려터지기 때문에 경제정세 분석가의 임무는 우리가 상상하는 이상으로 어렵다는 것만 지적해두도록 하자. 그래서 국가경제연구국은 **이미** 지난 것을 「예측」하는 데 정기

13) Bernard
   Maris, 앞의 책,
   p. 90.
14) 〈경제학과
   예측(Économie
   et prévision)〉,
   108호

적으로 1년 이상을 소모한다. 모든 예측의 기초적인 도구인 수치의 정확도는 더 이상 언급하지 않겠다. 예를 들면 미국의 총통화 M_2는 약 20%의 근사치만으로 알려진다고 평가받고 있다. 이쯤 되면 이런 의문이 떠오를 수 있다. 성장을 **1포인트**까지의 정확도로 통제하고자 하는 야심을 가진 정책의 신빙성이란 도대체 어떤 것인가? 1988년 영국의 저축에 대한 통계에서는 흥미롭고도 특이한 사항이 하나 눈에 띄었다. 「오류와 누락」이란 부서가 하나 있었는데, 그 부서는 완벽한 통계를 작성해내는 것으로 알려져 있었고, 『민간 저축을 추계하는 부서보다도 훨씬 더 중요한 부서였다』[15]는 사실이다.

에두아르 발라뒤르(Edouard Balladur)가 자주 그랬듯이, 우리네 경제학자들과 정치인들이 『프랑스인들은 지나치게 많이 저축한다』고 말하는 것은 바로 이런 유의 **사실**에 근거하고 있다. 그들이 「평균」을 내어 정확한 수치를 언급할 수 있을는지는 모르겠으나, 그들이 이런 개념만을 사용함으로써 오류에 오류를 더하는 결과가 있을 뿐이다(어떤 사람이 화로에 발을 넣고 머리를 냉장고에 집어 넣으면 **평균적으로는** 적당한 온도가 될 것이다. 우리는 이 사실을 잊어서는 안 된다).

이런 사소한 이야기는 그만두자. 그러나 우리가 확인하고 지나가야 할 것은 근본적인 경제학의 **근시안**적 양상이다. 새뮤얼슨의 지적처럼 비록 『경제학

15) Bernard Maris, 앞의 책, p. 245.

자들의 예측이 완전무결할 수는 없지만, 그래도 점쟁이들이나 3연승식 경마 전문가들, 로봇-컴퓨터(ordinateurs-robots), 단편적인 탐침(探針)보다 확실하다는 것은 의심할 나위가 없다.』[16] 이 근시안은 수없이 많은 경제학 오류의 기저에서, 예컨대 증시에서 다시 보게 된다. 증시에서 예측의 연습이란 돌이킬 수 없는데도 말이다.

16) Paul Samuelson, 《경제원론 (L'Économique)》, Armand Colin, 1982, p.369.

2

증권거래소 또는 일상사

경쟁은 경제세계의 위대한 힘이며 주된
힘이다. 그것은 내파(內破)적이고 규칙
적이며, 특히나 조정능력을 가진 힘이
다. 경쟁이 없다면 오직 혼돈과 독단,
환상, 불확실성만이 횡행한다. 경쟁은
그 어떤 조직보다도 과도한 열광과 공
황을 잘 피해간다.
— 폴 르루아볼리외(Paul Leroy-
Beaulieu, 프랑스 경제·재정학자) —

경제 활동이 이루어지는 모든 장소 중에서 증권거래소는 가장 마술적이며 가장 알 수 없는 곳으로 보인다. 이 자본주의 경제의 신전은 모호한 의식의 소굴이다. 비술과 강신술(降神術), 약호화된 언어로 무장된 이 사원은 본성적으로 오직 입문한 자들만이 접근할 수 있는 장소인 것이다. 증권거래소는 이제 컴퓨터화된 현대판 연금술이다. 즉 최후의 변환 장소, 축복받은 해산 장소인 것이다. 여기에서는 꿈이 현실이 된다. 이 곳에서 사람들이 이루어내는 것은 납을 금으로 바꾸는 것만이 아니다. 어떤 「전문가」는 여러분에게 공모의 눈짓을 보내며 이야기할 것이다. 금 시세에 비추어볼 때 그

것은 그다지 수지맞는 일이 아니라고 말이다. 이 곳
에서는 돈을 더욱 많은 돈으로 변환시킨다. 증권거
래소는 현실화된 유토피아다. 『나는 나의 욕망을 현
실이라 생각한다. 왜냐하면 나는 내 욕망의 현실성
을 믿기 때문이다.』[1] 이 생각의 저자인 라울 바네겜
(Raoul Vaneigem)이 자신의 좌우명이 반복되는 것,
더욱이 초자본주의(hypercapitalisme)의 검객들인 트
레이더들(traders : 증권매매인)에 의해 신빙성이 더해
져 반복되는 광경을 본다면 정말 놀랄 것이다.

증권거래소는 최후의 신비, 즉 어리석음과 성공이
서로 나란히 가고, 서로 나란히 놓이며, 서로간에
활력을 불어 넣는 장소이기도 하다. 한쪽 사람들이
발휘하는 천재는 다른 쪽 사람들의 바보 같은 행위
의 결과다. 경제의 현 상황을 가장 상징적으로 보여
주는 것이 바로 이 시장으로 형성된 착란이다.

증권거래소에서의 충돌과 불행

언뜻 보면 증권거래소는 다른 시장과 마찬가지로
하나의 시장에 불과하다. 이 곳은 주식, 채권, 부동
산권리증서 또는 채권증서 같은 종이 쪼가리들을 교
환하는 시장이다. 수요와 공급에 따라 이 종이들은
값이 오르거나 내리고, 행운과 재능 또는 사기와 부
정(물론 이것은 금지되어 있긴 하지만)에 따라 재산이
늘어나거나 사라진다. 증권거래소에서 성공하기 위

1) Raoul
   Vaneigem,
   《젊은 세대를
   위한 처세규범집
   (Traité de
   savoir-vivre à
   l'usage des
   jeunes généra-
   tions)》,
   Gallimard, 1967.

44

한 비결은 익히 알려져 있다. 남들처럼 생각하되, 남들보다 앞서 생각하는 것으로 충분하다. 하지만 간단한 이 원칙의 이름으로 헤아릴 수 없이 많은 재난이 금융의 역사에서 일어났던 것이다. 존 D. 록펠러(John D. Rockefeller)가 1929년 자신의 재산을 구한 것은 바로 이 원칙 덕분이었다. 공황이 걷잡을 수 없이 전개되기 몇 주 전에 그는 간결하지만 정확한 판단을 내렸다. 『모두 팔아라. 구두닦이까지 증권시장에 투자한다는 것은 끝이 가까이 왔다는 말이다.』 하지만 현대화 · 현실화 · 사이버네이션화(cybernétisé)된 이 원칙의 이름으로 금융시장은 여전히 가장 취약한 경제의 결함으로 남아 있다. 왜냐하면 이들 시장은 당대의 초자본주의 본질 그 자체이기 때문이다.

교과서에서는 여전히 두 가지의 증권시장을 나쁜 것과 좋은 것으로 구분짓는다. 전자는 합리적인 사람들이 자신의 돈을 기업에 투자해 기업으로 하여금 투자한 돈을 추가적인 부로 전환하게 하는 장소다. 이러한 사람들의 경우 그들이 대단히 합리적이라면 그들은 확실하고 지속적인 수입을 가져다 주는 채권을 구입할 것이며, 그들이 적당히 합리적이라면 몇 년 동안 보유했다가 어느 날 갑자기 자식들에게 물려주게 될 주식을 살 것이다. 후자의 증권시장은 투기에 골몰하는 시장이다. 사람들은 모든 것을 사고

판다. 그 어떤 것을 사고 팔든 간에, 관심사는 단
한 가지뿐이다. 최단 시간에 최대의 돈을 버는 것이
다. 물론 증권매매인이라면 누구든 진정한 증권시장
은 첫번째 것이라고 여러분에게 말할 것이다. 하지
만 모든 사람들은 오로지 두번째 시장만을 동경한다.
사실 이것처럼 이상한 일도 없다. 특히나 증권시장
이 급등하기 시작할 때는 더욱 그렇다. 경제 여건이
좋고 기업들은 이익을 내고, 따라서 모든 사람들은
생각하기 시작한다. 시세가 오르기 시작할 것이라고
말이다. 그리고 실제로 그렇게 된다. 상승은 상승을
낳고, 증권시장은 돈을 걸기만 하면 돈을 버는 엄청
난 카지노가 된다. 돈을 버는 데 유일한 제한은 판
돈이다. 이런 것이야 아무려면 어떤가. 금융의 천재
는 이 「지렛대」 원리가 증권시장에서 탁월하게 기능
할 수 있음을 아주 일찍이 깨달았다는 것 아닌가.
자신이 걸고자 하는 금액의 10%를 출자하면 나머지
는 빌려준다. 그것도 매우 낮은 이율로…. 그는
100을 사서 얼마 후 150이나 200으로 되판다. 자신
이 빚진 것을 상환하고 나머지는 보유한다. 이 얼마
나 간단한가. 우리가 주목할 점은 이 원리가 증권시
장에서는 조금도 예외적인 일이 아니라는 것이다.
이것은 증권시장의 정상적인 기능 중 기본원리다.
물론 어느 날엔가는 어떤 일이 벌어져 가장 영악한
이들로 하여금 손을 뺄 시기가 왔다고 생각하게끔
만들는지도 모른다는 논리도 가능하다. 그렇게 되면,

바로 그 순간에 별볼일 없는 증권투기꾼들에게 혼란
이 덮쳐온다. 그들은 가혹한 딜레마 앞에 처하게 된
다. 팔면 돈을 잃는다. 팔지 않으면 더욱 많은 돈을
잃을 위험이 있다. 그러므로 그들은 판다. 그러므로
시세는 떨어지고, 그러므로 그들은 돈을 잃는다. 가
끔은 관대한 몇몇 거물들이 추락을 정지시키기 위해
하락 시기에 사들이기도 한다. 이것이 성공하는 수
가 있다. 1907년 은행가 존 모건(John Morgan)이
바로 그랬다. 그는 사들이는 데 만족하지 않고, 신
에 대한 신앙뿐 아니라 시장에 대한 신뢰를 전하기
위해 뉴욕의 성직자에게 도움을 청했다. 그 결과 거
물들은 더욱더 부자가 된다. 시세가 가장 낮은 때
샀으니 당연하지 않은가. 게다가 그들은 보너스로
사람들에게 감사까지 받는다. 실제로는 거물들이 그
사람들의 등에 기대어 부를 얻었는데도 말이다. 때
로는 이것이 실패하기도 한다. 1929년 위기 기간
동안 은행가들로 구성된 컨소시엄에서 시장의 공황
을 저지하려 노력했던 경우가 그렇다. 아무런 효과
도 없었다. 가장 비장한 경우는 1920년대에 구성되
었던 투자모임들의 경우였다. 자산으로 가진 것이라
고는 주식뿐이었으니 그들이 받은 충격은 특히 심했
다. 이미 가치라곤 전혀 없는 자신들의 주가 하락을
저지하는 방편으로 그들은 이들 주식을 자신들이 되
사들였다. 갤브레이스가 이야기하듯이, 『인간들이
서로가 서로를 대규모로 사기쳐먹는 데에 성공하기

> "인간들이 서로가 서로를
> 대규모로 사기 쳐먹는 데에 성공하기는
> 이번이 아마도 처음이었다."
> —J. K. 갤브레이드—

는 아마도 이번이 처음이었다.』[2]

성공과 파산이 번갈아 닥치는 일은 경제사에서 가장 빈번히 반복되는 현상에 속한다. 팽창 과정이 정상적이며 이 과정은 영원히 이어지리라고 확신하면서 증권매매인들이 느끼는 희열, 그리고 정신적 혼란이라고까지 말할 수는 없겠지만 증시공황이 있을 때마다 넋 나간 투기꾼들이 느끼는 놀라움, 이것들이야말로 진정으로 흥미롭다. 어떻게 이런 일이 가능한가? 어떻게 몇십억 달러가 며칠 사이에, 몇 시간 사이에 그렇게 사라지는 것이 가능한가? 그것은 가능하다. 언뜻 볼 때 아무 가치가 없는 것으로부터 몇십억 달러가 솟아나와 몇 달 또는 몇 년 동안 번식하는 것과 마찬가지다.

갤브레이스는 역사상 두 시기에 있었던 특별히 흥미진진한 일화 몇 가지를 뛰어난 소책자[3]에 소개하고 있다.

최초의 투기 열풍 일화 중 하나는 1639년경 네덜란드에서 벌어졌다(엄숙하고도 침착한 이 민족에게서). 투기의 대상은 증권이나 귀금속이 아니라 구근

2) 《1929년의 경제공황(La Crise économique de 1929)》, Payot, 1970.

3) 《행복한 금융 약사(Brève histoire de l'euphorie financière)》, Le Seuil, 1992.

(球根), 즉 튤립 구근이었다. 이 꽃은 유럽에 온 지 얼마 되지 않아 아주 빠르게 부를 외적으로 표출하는 표지가 되었고, 네덜란드인들의 사랑을 듬뿍 받게 되었다. 그 결과 계속되는 가격 상승은 그들로 하여금 더욱더 구근에 미치게 했고 구근 투기 열풍은 온 국민을 휩쓸었다. 재산이 있는 사람이면 누구나 그 재산을 팔거나 저당잡혀 튤립을 샀다. 모든 곳에서 돈이 넘쳐났고, 넘쳐나는 돈으로 모든 가격은 상승했다. 네덜란드에 풍요가 자리잡았다. 몇 년 후에는 희귀종 구근 하나의 값이 「마구(馬具)를 완전히 갖춘 잿빛 말 두 마리가 끄는 호화스러운 신형 4륜 포장마차」의 값에 이르기도 했다. 갤브레이스는 한 상인의 소름끼치는 이야기를 예로 들고 있다. 그 상인은 화물의 도착을 알려준 뱃사람에게 청어 한 마리를 던져주었다. 무진장 비싼 구근 하나가 모자라다는 사실을 알고 나서 넋이 나가 있던 그 상인은, 뱃사람이 그 구근을 양파로 착각하고 청어와 함께 먹어치우는 것을 보고는 까무라치고 말았다. 그가 양파로 알고 먹은 구근은 현 시가로 약 20만 프랑(역주 우리나라 돈으로 약 4,000만 원)에 해당한다. 세상의 영광은 그렇게 사라지노니.

1637년 가격은 폭락했다. 사람들은 어찌할 바를 몰랐다. 어떤 사람들은 팔기 시작했고 다른 사람들이 그 뒤를 쫓았다. 곧 공황이 왔다. 상인들은 파산했고, 구근은 식물 값으로 되돌아갔지만 나라는 극심한 경기 후퇴를 겪었다.

좀더 가까운 시기로는 19세기의 극심한 공황과 고통스러운 경제 위기에 뒤이어 상당수의 투기적인 불꽃이 연달아 일어난 것을 들 수 있다. 그럴 때마다 점점 더 많은 수의 노동자와 농민 대중은 도탄에 빠졌다. 1819년, 1837년, 1857년, 1873년에도 공황이 발생했다. 반복되는 투기의 동인(動因) 중 하나는 철도 건설이었다. 대규모 건설현장이 새로 문을 열 때마다 뛰어난 자본가들은 새「지렛대」를 고안해냈고, 필요한 양의 자본을 거둬들였다. 도취의 시간이 지나고 나면 아주 작은 사건만 일어나도 자본의 유출과 공황이 발생했다. 신중함이라는 기준을 떨쳐버리고 투기의 물결 뒤에서 파도타기하듯 행동했던 은행가들이 연이어 파산하고, 뇌물 수수와 관련된 스캔들(파나마 스캔들처럼)이 난무하거나, 실행에 옮긴 거래의 무수익성이 밝혀지는 등 여러 가지 사건이 벌어졌다.

가장 기억에 남을 만한 불상사 중 하나는 러시아 채권 사건이다. 19세기 말 프랑스는 부유하기는 하나 위험을 식별해내는 능력은 거의 없는 부르주아지의 나라였다. 은행 돈을 포함해 돈은 산업에 관계된 모험으로는 쉽게 움직이지 않았다. 이것을 리옹은행 총재였던 앙리 제르맹(Henri Germain)은 이렇게 설명했다. 『제조업체들은 제 아무리 조심스럽게 운영

한다 하더라도 예금은행의 자금을 운용하는 데 필수
적인 안정성과는 양립될 수 없는 위험을 포함하고
있다.』

　제조회사들로서는 독립을 원했기 때문에 자력으로
자본을 대고 이익을 나누지 않는 쪽을 선호했다. 그
러나 흥미롭게도 이들 회사가 어려운 상황에 처했을
때는 예외였다. 예컨대, 북부 석탄공사들의 경우가
그랬다. 프랑스인들은 안전한 투자, 정부가 보장하
는 투자를 단연 선호했다. 1899년 인도차이나 채권
은 36배로 보상되었다. 그러나 이 기간에 진짜로 사
람들이 몰려든 것은 러시아 채권(그리고 거의 알려지
지는 않았지만 위험하기로는 마찬가지인 터키 채권)이
었다. 산업개발을 결정한 러시아는 시베리아 횡단철
도 같은 대규모 프로젝트를 재정적으로 뒷받침하기
위해 외국의 공공자본 및 개인자본을 대대적으로 불
러들였다. 1000년을 이어온 이 러시아 제정(帝政)이
설정할 수 있었던 담보는 그 때까지도 금이나 토지
를 선호하던 예금가들의 신뢰를 한몸에 받았다. 게
다가 지불 이자율 또한 매력적이었다. 합리적인 이
광기에 다수의 프랑스인들이 몸을 맡겼다. 1905년
혁명도 그들을 동요시키지 못했다. 오히려 반대였다.
폭동을 이만큼 가혹하게 진압할 수 있는 나라라면
전폭적인 신뢰를 받아 마땅하다고 여겼다. 1906년
4월의 채권으로 프랑스 자본도 서구의 경쟁자들로부
터 인정받을 수 있게 되었다. 프랑스의 제조업체들

이 생산물의 「국적을 없앨」 수 있는 가능성을 재빨리 포착한 만큼 더 그랬다.

『그들은 아마도 이렇게 판단했을 것이다. 언제든 조합을 조직하고 임금 인상을 요구할 가능성이 있는 프랑스 노동자들 손으로 모국에서 상품을 생산해 수출하는 것보다는 본사의 계열회사를 설립하는 것이 회사의 이익이라고….』[4] 그 뒤로 어떤 일이 일어났는지는 모두 알고 있다. 최근에 러시아 채권의 상환이 언급되고 있다. 단순하게 생각하는 사람들은 「과거의 한 체제가 끼친 손해를 마침내 보상하려나」 하고 생각할 것이다. 그러나 불행하게도 그 손해는 모든 것을 고려해볼 때 결코 보상받을 수 없을 듯하다. 우리는 여기에서 다음과 같은 사실을 간단하게나마 주목해보아야 한다. 새로운 황제 보리스 옐친(Boris Eltsine)이 보여준 최근의 선량한 의지가 영향을 미칠 수 있는 것은 아주 미미한 액수의 채무뿐이다. 그리고 관용을 베풀어 제공된 이 부스러기들은 서양의 작은 새들에게 준 몫인데, (러시아 쪽에) 유리한 사업으로 이 새들을 끌어들이려는 희망에서 던져졌다는 것이다. 실제로 러시아 채권은 상환되고 있다. 만일 옐친이 한쪽 손으로 돈을 좀 준다면, 그것은 다른 손으로 더 많은 돈을 주워모을 속셈이 있기 때문이다. 사실 러시아 정부로서는 막대한 돈이 필요하다. 공무원에게 월급을 지불할 능력도 없고 세금을 징수할 능력도 없는 러시아 정부로서는 국제시장

4) Madeleine Rebérioux, 《급진공화국(La République radicale)》, Le Seuil, 1975.

새로운 투기사건이 있을 때마다
태평스럽기 그지없는 낙관주의가
반드시 다시 나타난다.

에서 새로이 구걸을 해야 할 처지다. 새 시대의 러시아 채권은 이미 런던 시장에서 발행되었다. 이 채권에는 한 가지 특징이 있는데, 이율이 20% 이상이라는 것이다. 시장에서는 대규모 반응이 있었다. 러시아에는 「진짜 채무불이행 문화(culture du non-paiement)」가 만연해 있다고 단정짓는 조지 소로스(George Soros)의 경고성 외침도 소용없었다. 프랑스 예금자들은 이 새로운 기회를 잡을 것인가? 채권액의 거의 80배에 달하는 돈을 상환받기 위해 그들은 한 세기를 기다리게 될 것이다. 그야말로 정크본드(악성채권)인 이 채권은 대단히 수지맞는 장사가 될 가능성이 있다. 러시아가 5년 이상 지탱해준다는 전제 아래에서라면 말이다.

금융 무질서에는 세 가지의 상수(常數)가 있다. 가장 먼저 증권매매인과 대중의 망각현상이 그것이다. 새로운 투기 사건이 있을 때마다 태평하기 그지없는 낙관주의가 어김없이 재등장한다. 이번만큼은 결코 멈추지 않을 것으로 모두가 믿는다. 과거의 환멸로 제정신을 차린 경제학자들은 1987년 이후, 다

음 번 증시공황이 머잖아 있을 것이라며 이구동성으
로 예견하기 시작했다.

밀턴 프리드먼이 그런 경우인데, 증시공황이 얼마
전에 있을 것으로 예측했던 그는 이렇게 자백했다.
『사실 나는 얼마 전에 월가의 붕괴를 예측했다. 그
런데 내 예상은 잘못되었다.』[5] 주술적인 마술과 미
래학적인 속임수가 기승을 부리는 환경 속에서 공황
발생을 막기 위해 경제학자들이 공황을 예견한 것은
아닌가 하고 사람들이 자문해볼 정도로 현실과 경제
학자들은 아직도 숨바꼭질을 계속하고 있다. 책임자
들 스스로가 정기적으로 경보를 울린다. 시장의 「비
정상적인 과잉」에 대해 비난을 그치지 않는, 미국
연방준비제도이사회(FRB) 의장인 앨런 그린스펀
(Alan Greenspan)의 예가 그렇다. 시장이 무슨 대
답을 하는가? 이번은 아니다. 아직 아니다. 선두에
선 갤브레이스가 주는 다음 충고를 명심하도록 하자.
『사실 유일한 해결책은 의심을 강화하는 것일는지도
모른다. 이 의심은 지나친 낙관주의가 어리석음에서
그리 멀지 않은 것임을 알려주리라. 왜냐하면 아둔
한 자들은 조만간 자신들의 돈으로부터 멀어지게 될
것이기 때문이다.』 지금 당장으로서는 바보들이 행
운을 누리고 있다. 그렇지만 그들은 10월을 경계해
야 할 것이다. 사실 증시공황에 대해 사람들이 갖고
있는 보기 드문 확신 중 하나는, 증시공황이 전갈좌
를 특히 좋아한다는 것이다. 자살의 징조…. 투기

5) Milton Fried-
man, 1997년
5월 29일자
이탈리아 주간지
〈파노라마
(Panorama)〉와
의 인터뷰

사건의 두번째 상수는 금융 천재의 결정적인 역할이
다. 정기적으로 새로운 자본 동원 수단이 이용되는
데, 이들 수단은 레버리지(역주 leverage : 기업 등이
차입금 등 타인 자본을 지렛대처럼 이용해 자기자본이
익률을 높이는 것) 원칙을 다시 원용하는 것일 뿐이
다. 갤브레이스는 『금융의 세계는 바퀴의 발명—종
종 약간은 더 불안정한 버전의—에 아직도 항상 환
호한다』[6]고 적절히 지적하고 있다. 여기에서 재능은
학위나 학술적인 상으로 평가되지 않는다. 그것의
유일한 평가는 성공이다. 재능의 크기는 그것이 벌
어들인 액수만큼이다.

마지막 상수가 아마도 가장 심각한 듯하다. 즉 위
기가 지나면 시장은 모든 책임에서 벗어난다는 것이
다. 몇몇 속죄양이 심판대에 올려지고 유식한 경제
학자들이 현상의 원인을 분석한다. 사전에 볼 수 없
었던 현상의 원인을 상세하게, 그러나 사후에 분석
한다.

분명한 것은 시장에 죄가 있을 수 없다는 것이다.
오히려 그 반대다. 금융시장은 건전하고 합리적인
시장일 뿐 아니라, 아마도 이론적인 이상에 가장 근
접한 현실시장이라는 생각이 최근의 경제학 발전으
로 그 어느 때보다도 강조되고 있다. 증권거래소에
서의 「합리적인 예견」이라고 일컬어지는 새로운 이
론이 적용됨으로써 투기 거품의 금기(tabour)라는 최
근의 금기가 날뛰기까지 했다. 케인스가 알려준 대

6) John K.
Galbraith,
《Brève histoire
de l'euphorie
financière》, Le
Seuil, 1992

로, 『기업이 투기 소용돌이 내의 공기방울에 불과해질 때 상황은 심각해진다. 한 나라에서 자본의 발전이 카지노 활동의 부산물이 될 때 그것은 불완전한 조건 속에서 이루어질 가능성이 있다.』(《일반이론》).

이제 우리는 거품의 존재와 중개인들의 기대의 합리성 사이에 모순이 존재하지 않는다는 것을 루카스 파의 경제학자들[7] 덕분에 알고 있다. 『사실 어떤 믿음이 근본적인 것과는 전혀 관계가 없는데도 시장에서 실현되는 수가 있다. 충분히 많은 수의 투자가들이 그 믿음을 공유하는 순간부터 그렇게 된다. 만약 대단히 많은 중개인들이 주식값이 높아지리라 생각한다고 하자. 그러면 그럴 가능성이 대단히 높은 것이다. 예언은 자동으로 실현된다.』[8]

1980년대에 나온 이 논문들〔(블랑샤르(Blanchar), 윗슨(Watson), 그리고 거품(Bubbles)이라고 이름지어진〕은, 경제 이론이란 자립적인 학문이기는커녕 현재의 우발적인 사건들과 유행, 그리고 역학관계에 어느 정도로 좌우되는지를 다시 한번 보여준다.

케인스의 환상이 파멸하는 데서 시작해 자유주의의 환상에 따라 야기된 파멸로 필연적으로 이어지는 이 세기 말의 의미 있는 10년을 묘사하기 위해서는 증권거래소가 최선의 시점(視點)인 것 같다. 증권거래소는 비합리적인 시장이 가진 비합리성의 핵심이다.

7) 1995년 노벨상 수상자이자 신고전학파 (Nouvelle économie classique : NEC)와 신자유주의론의 지도자인 Robert Lucas의 제자들.

8) Frédéric Teulon, 《새로운 세계 경제학(La Nouvelle Économie mondiale)》, PUF, 1993.

미치광이 1980년대

연대적으로 보았을 때 가장 최근의 투기 사건은 1980년대 말에 일어났다. 역사가 주는 분명한 교훈에도 불구하고 금융전문가·은행·정부·개인… 너나 할 것 없이 모두가 몸과 재산을 바쳐 거기에 빠져들었다. 여기에서 잠깐 걸음을 멈추어보는 것도 흥미로운 일이다. 그 사건이 이미 거의 잊혀졌기 때문이기도 하지만, 그 사건의 원인이 이미 사라져 없어지기는커녕, 프리드먼의 말을 빌리자면, 「충격적인 일이 조만간 벌어질 것」[9]이기 때문이다. 우선 당장에는 『돈은 돈 쪽으로 움직인다. 장차 점점 더 큰 규모로 그렇게 될 것이다. 이것이 우리가 발을 들여놓은 경제 세계의 냉혹한 법칙이다. 다른 경제 세계는 존재하지 않는다. 그것은 누구나 알고 있다.』 1990년 알랭 맹이 1980년대로부터 이끌어낸 교훈이 바로 이것이다. [10]

1980년대는 우선 인플레이션이라는 괴물을 쓰러뜨리려는 의지로 특징지을 수 있다. 이 사악한 야수는 심각한 위기가 있음에도 불구하고 아무도 통증을 느끼지 않도록 해주었다. 왜냐하면 이익이 상승하고 국가의 세입이 확대되는 것과 같이, 월급이 오르는 듯이 보였기 때문이다. 국가는 세금을 올릴 필요가 없었다. 모두가 기꺼이 빚을 졌고 가격상승은 빚의

9) Milton Friedman, 앞의 인터뷰.
10) Alain Minc, 《미쳐 날뛰는 돈(L'Argent fou)》, Grasset, 1990.

일부를 상쇄시켜 없앴다. 계속 이어지는 엄청난 빚은 그래도 참을 만했다. 더욱 견디기 힘든 것은 앞으로 계속 내달려야만 하는, 피할 수 없는 가속도와 인플레이션이라는 미래에 대한(그리고 돈에 대한) 경시(輕視)의 가속도였다. 엉터리 약이 효과를 보게 하려면 복용량을 늘려야 했다. 1980년부터 디스인플레이션은 마거릿 대처(Margaret Thatcher)와 로널드 레이건(Ronald Reagan)의 보수주의 정부의 룰이 되었다. 그리고 프랑스 정부가 그 뒤를 이었다. 사회주의 정부에 이어서 우익 정부도 마찬가지였다. 마치 완전 해독요법처럼 거친 치료법은 모든 산업분야 —운송, 제조, 노동시장, 금융—에 영향을 미치는 전반적인 규제완화를 거치고, 이어서 민영화의 물결을 거쳤다. 대처와 자크 시라크(Jacques Chirac)와 발라뒤르는 사회학적으로 보았을 때 자신들의 정치권력을 확고하게 영속시키려는 목적을 가진 민중자본주의를 탄생시키려 노력했다. 프랑스에서 이 소시민적인 꿈을 비극적으로 상징하는 사람은 카트린 드뇌브(Catherine Deneuve)였다. 그녀는 신중한 예금자들로 하여금 상업광고 시간을 함께 하도록 유도했고, 모든 사람들이 부유해지고 아름다워지며 동시에 강해질 수 있다는 환상을 공유하도록 했다.

1980년대의 특징은 무엇보다도 여러 가지 움직임들이 상호 보조를 맞추어 등장한다는 것이다. 임금에 관한 제반 요구가 기업과 돈, 그리고 모종의 비열함이 권리회복을 요구하는 것과 병행해 등장한다. 댈러스의 비열한 J. R. (역주 80년대초 국내에서도 방영된 적이 있는 미국의 TV드라마 「댈러스」의 주인공인 큰 형 J. R. 을 일컬음)(『당신의 냉혹한 우주는 최강자의 법칙을 찬양한다』)와 재기 넘치는 베르나르 타피(Bernard Tapie)야말로 「돈」과 이른바 「보수주의 혁명」이라고 불리는 경멸의 진정한 명예회복을 영원히 상징하는 것이리라. 생기 넘치는 유토피아 시대인 1970년대가 끝나고, 휴머니스트, 너무나도 휴머니스트인 맹이 비난하는 「평등주의 기구」도 종말을 고했다. 자유방임과 후천적 특혜의 안락함도 끝났다. 유행은 저돌적인 사람들, 사악한 사람들에게로 넘어갔다. 이제 금융시장은 뉴욕·런던·파리의 시장규제 완화로 인해 추진된 「빅뱅」을 겪게 된다. 이 폭발의 영웅은 전문직에 종사하는 도시의 젊은이, 개인 신조가 맞벌이에 무자식(double income no kids : DINK), 즉 여피(yuppie)의 최첨단 버전인 바로 골든 보이(Golden boy)다. 그는 고학력 소지자이며 리스크와 포트폴리오 관리라는 고도로 정교한 최신 기법을 제어할 능력을 갖추었으며, 성공과 돈과 쾌락을 갈망한다. 이러한 몇몇 전형을 묘사하는 영화[〈월스트리트(Wall Street)〉, 〈아홉 주(週) 반(Neuf Semaines et demie)〉, 특히 브라이언 팔마(Brian Palma)의 걸작인 〈허영의 화형대(Bûcher des vanités)〉]는 진실과 거리가 먼 것은 아니지만 진실을 제대로 파악하지는 못하고 있다. 규제완화와 세계화 속에 통합된 금융시장을 정복하기 위해서는 콧구멍을 벌름거리는, 이처럼 젊은 늑대들이 필요했다. 골든 보이에게는 결코 태양이 지지 않는다. 개장한 증권거래소가 언제나, 어느 곳엔가는 있게 마련이기 때문이다. 그에게 노트북은 액세서리가 아니라 어느 것과도 바꿀 수 없는 작업 도구다. 그의 생존은 달랑 전화선 하나에 달려 있다.

증권거래 기법은 사실 1980년대에 장족의 발전을 이루었다. 우리의 아버지들이 금이나 화폐 또는 설탕에 하던 오래 된 투기에 훨씬 더 수익이 좋은 거래가 더해져 왔다. 「선물(先物)」이라는 투기기법이 그것이다. 선물거래 또는 파생거래 등이 이에 속한다. 과연 이것은 무엇인가? 애초에는 이미 잘 알려진 간단한 생각에서 출발했다. 즉 화폐와 금리 또는 원자재 시세의 불안정성에 대비해 보험을 드는 것이다. 예컨대, 석유·달러·융자와 같은 어떤 재화에 대한 계약을 들어보자. 이 계약을 오늘 체결하는데, 그 재화가 필요한 시점은 내일이고, 그 때 가면 가격이 더 오르지 않을까 걱정스럽다. 이런 경우 계약을 오늘 가격으로 체결하고 내일 가격이 어찌되든 간에 오늘의 가격이 내일 거래의 실제 가격이 되는 것이다. 이 생각은 간단하거니와 아주 훌륭하다. 그러나 1980년대에 들어서자 사람들은, 이 거래가 단시일 내에 많은 이익을 가져다 줄 수 있으리라는 걸 재빨리 이해하기 시작했다. 이 계약의 거대한 금액을 갖고서 도박을 하는 것이다. 하나의 제품에서 다른 제품으로, 하나의 시장에서 다른 시장으로 빠르게 그 돈을 회전시키는 것으로 충분했다. 그러고 나면 곡예는 완성되었다. 고도로 정교한 정보 프로그램이 자동으로 이들 거래를 맡아 해결했다. 그 동안 골든보이는 휴식 시간 동안 월스트리트의 포르셰(Porsche) 자동차 딜러를 방문한다. 그것으로 그만이다.

금융 천재가 거인의 족적을 남긴 또 다른 영역은 인수·합병 영역이다. 자유화에 자극받은데다가, 업종을 전환하거나 재집중해야 하는 처지에 몰린 기업들은 지난 10년 동안의 동면과 나쁜 고과에서 벗어나 매입과 「기습」에 투신한다. 기업들은 어떤 물건을 놓고서 공개매수와 반대공개매수를 통해 쟁탈전을 벌인다. 공개매수는 간단한 원칙에 근거한다. 즉 다른 기업을 매입하고자 하는 한 기업(「흑기사」)은 주식 소유자들에게 시장가격보다 더 높은 가격에 주식을 사겠다고 알린다. 자신을 방어하려는 기업은 철저하게 이익에 따라 움직이는 돈 많은 보호자(「백기사」)와 연합하게 되고, 더 비싼 값에 사겠다고 알린다. 그리고 이러한 현상이 계속 이어진다.

데 베네데티(De Benedetti)라는 이탈리아인이 재기넘치는 맹의 도움을 받아 소시에테 제네랄 드 벨지크(Société Générale de Belgique)에 가한 기습을 다시 생각하면 그 기억이 아직도 생생하다. 이 기습은 수백만 프랑을 낭비하고서 오토바이 배기량과 비슷한 숫자인 49.9에서 종결되었다. 그 이탈리아인이 모으는 데 성공한 것은 SGB 자본금의 지분이었다. 그는 총회에 참석할 권리를 얻었으나 그 곳에서 승리한 사람은 그의 적이었다.

미국에서는 이런 기습에 출자하기 위해 정크 본드를 매개로 주요 자본을 거두어들이는 것〔차입금을 이용한 회사 매수(leverage buy out) 원칙〕을 생각했다. 마이클 밀켄(Michael Milken)은 자신의 기업 드렉셀 번햄 램버트(Drexel Burnham Lambert)사를 이용해 고수익의 채권을 발행할 생각을 했다. 이 채권은 매입한 기업들을 해체하는 데서 기대되는 수입을 담보로 발행되었다. 이 일로 그는 1987년 550만 달러를 벌어들였다. 이 금액은 자신의 재능에 대한 정당한 평가로 여겨졌다.

「빅뱅」이 이루어질 수 있도록 모든 것이 정돈되었다. 기업들도 순조로웠다. 규제가 완화됨으로써 활동이 자유로워지고 봉급이 감소함으로써 부담을 상당부분 덜어낸 기업들은 다시 이윤을 내기 시작했다. 풍족한 돈이 돌아오자 이에 이끌려 시장에서는 사람들로 넘쳐났다. 소자본가들은 민영화의 기회를 이용

하고자 했고, 보험회사들은 관리 중인 거대한 금액
(예컨대 연금기금)을 사용했으며, 공공기구와 은행들
도 이에 가세했다.

한계수준에 이를 만큼 빚을 진 국가들까지 긴축정
책으로도 커져만 가는 적자를 메우기 위해 국채와
재정채권을 발행했다. 이와 병행해 이들 국가는 고
금리를 유지했다. 그럼으로써 자신들의 의지와는 무
관하게 경제회복에 자극을 주었다.

제3세계의 부채 문제는 1980년대 초 절정에 달했
는데(멕시코는 1982년 지급불능을 선언했다), 이것
역시 좋은 사업거리가 되었다. 몇몇 남쪽 국가들(특
히 브라질과 멕시코)은 자멸적인 부채(달러당 10프랑,
거의 20%에 달하는 이율)에 자신을 내맡겼다. 그 국
가들이 이처럼 살인적인 부채를 감수하려 했던 것은
급등하는 석유가를 믿어서였던 것 같다. 1986년부터
모든 기대와는 반대로 원유값이 폭락하자 이들 나라
의 통화가치는 그와 동시에 폭락해 버렸고 이 국가
들은 힘든 처지에 놓이게 되었다. 브래디(Brady)와
베이커(Baker) 플랜은 이들 국가를 내파(內破)로부
터 구해냈다. 이들 국가라고? 아니, 그보다는 오히
려 이들 국가의 채권자들이었다. 사실 제1차 계획이
문제를 해결하기 위해 새로이 대출해주는 것만을 예
견했다면, 제2차 계획은 문제를 아주 과격하게 해결
했다. 말하자면 부채를 전환할 수 있게 하고 유통할
수 있게 하는 것이었다. 예를 들면 국영기업의 보통

주로 전환할 수 있고, 자본시장에서 유통할 수 있다는 것이다. 그리하여 대단히 재미있는 투기, 이른바 「브라질 자전거」라는 것이 발전하게 된다. 이 투기를 통해 북쪽의 은행들은 이미 상당 부분 할부상환한 부채를 유통시킴으로써 부유해졌다.

그리고 증권거래소 사상 그 유래가 없는 대단한 시세폭등이 나타났다. 1980년대 초부터 말까지 뉴욕의 주식자산 평가는 두 배로 뛰었고, 도쿄의 주식자산 평가는 6배, 파리는 10배로 되었다. 실질적으로 20년 동안 1,000포인트 선에서 한계를 보이고 있던 다우존스(Dow Jones) 지수는 1983년부터 그 한계를 돌파했고 1987년에는 2,700포인트 이상에서 굳건히 자리를 잡았다. 그 이후로 비록 1987년과 1989년 몇 차례 위기를 겪기는 했지만 다우존스는 1,000포인트 이상을 챙겼다.

파리에서는 더욱더 눈부시게 진행되었다. 프랑스 국립통계청 주가지수는 1983년 1,000포인트 선을 넘어섰고, 1987년에는 3,784포인트에 이르렀다. 도쿄도 예외가 아니었다. 닛케이 지수는 1983년 1만 포인트에도 미치지 못했으나 1989년에는 거의 4만 포인트에 육박했다.

증권거래소가 지나온 발자취에 더해 다른 형태의 투기적인 광기가 우리 사회를 점령했다. 시대의 징조라고 할 수 있는 금 시세는 처참하게 무너졌고, 투기는 다른 쪽으로 옮겨갔다. 우선 부동산이었다.

경제적 법칙을 무시했다고 할 수는 없지만 최소한 물리적인 법칙을 완전히 무시한 채 천정부지로 값이 치솟던 부동산 말이다. 런던에서부터 도쿄로, 그리고 뉴욕에서부터 파리까지 부동산 값이 불붙듯이 뛰어올랐다. 신중하기 짝이 없는 은행들까지도 극도로 대담한 거래에 뛰어들었다(이 상징적인 불꽃을 받쳐준 것은 리옹은행 본사였다). 기법 또한 비이성적으로 급변했다. 빈센트 반 고흐(Vincent Van Gogh)가 이 광기의 상징이 되었다. 하지만 이것 역시 아이러니컬했다. 어쨌든 현대에서 으뜸 가는 투기 사건에 투기 금상을 주어야 한다면, 그 상은 의심할 나위 없이 자동차 투기 부분이 차지할 것이다. 비록 근본적으로는 별 의미가 없긴 하지만 이 부차적인 현상이 시사하는 바는 클 것이다. 프랑스에서 주식을 소지한 사람은 600만 명에 불과하지만, 프랑스 사람은 누구라도 자동차가 무엇인지는 알기 때문이다. 수집용 자동차에 대한 투기 열풍 덕분에 새로운 유의 봉이 등장하게 된다. 우리는 그런 사람을 「전서구(傳書鳩)」라고 부를 수도 있을 것이다.

모든 것은 1970년대라는 새로운 자동차 생활 속에서 시작되었다. 오일 쇼크와 오염방지법안과 안전법규는 그 생활을 워털루 평원만큼이나 생기 없게 만들었다. 옛날 자동차에 대한 기호를 유발한 것은 모든 것에 무차별적으로 파고드는 향수(鄕愁)뿐 아니라 새로운 자동차 생산자들 모두가 기울인 각고의 노력 덕분이었다. 자동차 구매자들 대부분에게 여전히 가장 중요한 동기(動機), 즉 꿈이라는 부분을 그들은 의도적으로 비켜나갔다. 자동차는 합리성과 경제성, 그리고 안전성에 맞추어 제작되기 시작했다. 자동차는 모두 다 구두상자를 닮기 시작했다. 그러다가 일본인들이 「바이오 디자인(bio-design)」을 고안해낸 이래로 동그랗게 바뀌었다. 일반적으로 대부분의 사람들은 그런 자동차들을 멸시 어린 눈초리로 바라보았다. 그러나 이런 여건에서 몇몇 탐미적인 자동차 마니아들은 자동차 운전을 더욱 즐거워했다. 그 자동차들은 운전하기에 쾌적할 뿐만 아니라 보기에도 좋았고, 게다가 값까지 저렴했던 것이다. 고약한 냄새가 풍기는 골프 디젤을 사는 값이면 영국산 캐브리올레(cabriolet)를 하나 살 수 있었다. 신형 르노(Renault) 5를 사는 값이면 붉은 색의 전설을 하나 살 수 있었다. 그 전설이란 다름 아닌 페라리(Ferrari)를 말한다. 페라리는 두 번의 오일 쇼크가 있던 무렵에 5만 프랑이면 구입할 수 있었다.

시장은 아주 빠르게 커졌다. 이제 어른이 되고 생활이 윤택해진 베이비붐 세대들(baby-boomers)은 자신들이 간직해온 유년 시절의 꿈을 사고 싶어했다. 어떤 이들은 제임스 본드(James Bond)의 자동차를 원했고, 다른 사람들은 〈라 돌체 비타(La Dolce Vita)〉에 나오는 마스트로이아니(Mastroianni)의 자동차를 원했다. 그들 중에서도 야심만만하고 부유한 이들은 희귀하고 독특한 제품을 직접 찾아나섰다. 예컨대, 판아메리카나(Panamericana)풍의 팡기오 (Fangio) 자동차, 르망 24시의 페라리, 부가티 (Bugatti) 같은 차들을 말이다. 옛 자동차는 당연히 그 숫자가 제한되어 있었고, 따라서 값이 급등하기 시작했다. 아주 희귀한 자동차의 값은 금세 희귀 예술품의 값만큼이나 뛰었고, 언젠가는 반드시 폐기처분될 공산품의 값으로는 생각할 수 없었다. 소더비 (Sotheby)같이 세련된 경매상들이 아주 스마트한 장소(모나코, 라구나세카)에서 주최하는 경매는 여러 사람들의 혼을 빼놓았다. 그 전날까지만 해도 고철 덩어리에 불과했던 것이 이젠 복권 1등 당첨금에 상당하는 값으로 팔려나갔다. 600만 프랑, 1,000만 프랑, 2,000만 프랑…. 엔조 페라리(Enzo Ferrari) 의 죽음으로 이런 광란은 절정에 이르게 되었다. 1962년산 페라리 250 GTO는 1980년대 말 제 경비를 포함해 5,000만 프랑에 달했다. 이 값이라면, 볼트를 1kg당 거의 5만 프랑이라는 기록적인 값으로 계산한 것이다.

　이는 붉은 금을 향한 돌진이었다. 앞 발을 들고 선 말이 각인되어 있기만 하면, 가장 작은 자동차라 해도 값이 100만 프랑이 나갔다(5만 프랑이 조금더 나가는 자동차값을 포함해). 코멘다토레(Commen-datore)가 생전에 마지막으로 구상했던 F40은 새 차의 경우 170만 프랑이었지만, 그 차가 출고되기만 하면 그 자리에서 즉시 650만 프랑으로 치솟았다.

예전에 누군가 물었다. 『몇 대나 생산해야 합니까?』 이 질문에 페라리는 이렇게 대답했다. 『주문량보다 한 대 적게.』 (의도적인) 희소성이 천재의 뛰어난 작품값을 더욱 부추겼다. 사람들은 이제 자동차가 아니라 구입주문서를 갖고 가격협상을 시작했다(20만~30만 프랑까지). 이것이야말로 파생 시장의 원칙을 능란하게 전환한 것이다.

캘리포니아나 플로리다 같은 곳에서는 자동차를 셀로판지로 포장된 카탈로그를 이용해 판매하는 전문 회사들을 서둘러 세웠다. 재주 있는 기술자들은 복제품 제조를 시작했다(예를 들면 평범한 닷선을 페라리로 바꾼다거나 코치넬리를 제임스 딘 모델의 포르셰로 슬쩍 바꾸기도 했다). 그 때까지도 설탕 장사에 매달려 있던 한 회사는 식품을 내팽개치고 파리 7구의 세련된 거리에 사치스러운 자동차 가게를 열었다. 모든 사람들이 한동안 생각했다. 자기 창고에 또는 이웃의 창고에 보물이 잠자고 있다고…. 르노 16과 4마력짜리 자동차를 소유한 사람들은 자신들의 「수집용」 재산의 미래가 어떨지 알아보려고 전문잡지에 편지를 쓰기도 했다. 아내와 자동차와 여행가방을 갖고 이 대륙에서 저 대륙으로 날아다니면서 모나코, 피블비치, 멕시코 등지에서 열리는 초상류 사회의 세련된 모임에 참석하는 대부호들, 그리고 수집용

수백만 프랑짜리 자동차를

갖고 있다는 것은 좋은 일이다.

하물며 그런 자동차를

타고 다니는 것은

말해 무엇하랴.

자동차에 관심을 가진 억만장자들 앞에서 모두들 넋이 나가버렸다. 수백만 프랑짜리 자동차를 갖고 있다는 것은 좋은 일이다. 하물며 그런 자동차를 타고 다닌다는 것은 말해 무엇하랴.

이런 천국 같은 풍경에 딱 하나의 결점이 있다면, 이런 것이다. 유명한 수천 마일 자동차 경주를 떠올려보자. 이 경주에 참가한 사람들은 토스카나 지방의 한 마을을 지나칠 때 급히 속도를 줄여야 하는 모퉁이에서, 일군의 열광적인 젊은이들이 열렬히 환영하는 구경꾼 역할을 하고 있다는 데 놀라게 마련이다. 참가자들이 호화로운 캐브리올레를 타고 지나가기를 기다리면서 미소를 보내는 사람들은 열렬한 박수를 보냄으로써 경주인들에게 경의를 표한다.

이탈리아 영화에서나 봄직한 달콤하기 짝이 없는 이런 장면은 리옹은행 본사의 재난 그대로다. 이것은 일종의 전조였고 예감이었으며 알레고리였다.

자동차 투기꾼들에게 쏟아지는 진짜 박수갈채는 걸프전쟁과 함께 시작되었고 그 이후로 지금까지 계속되고 있다. 순식간에 구매자들이 사라졌고 값은 햇빛 속의 눈처럼 녹아내렸다. 좋은 물건을 셀로판지로 포장해 잠시 동안만 보관하면 쏠쏠한 재미를 본다고 생각했던 사람은, 이제 대규모의 파탄이 눈앞에서 펼쳐지는 것을 그저 망연자실 보고 있을 수밖에 없다. 100만 프랑을 호가하던 것이 이제는 20만 프랑밖에 되질 않는다. 그것도 아주 후한 구매자를 만난다는 전제에서…. 그렇다고 구매자들이 없는 것은 아니다. 진짜 애호가들이 있기는 하다. 그들은 지난날 애송이들이 값에 상관없이 닥치는 대로 사들이고 자신들의 멋진 자동차를 복원「전문가」들에게 맡기는 것을 보며 절망했던 사람들이다. 범퍼를 펴거나, 아니면 금덩어리 값으로 팔린 한 쪼가리를 수리하는 대가로 그 전문가들이 요구하는 돈은 천문학적인 액수였다. 그러던 자동차들이 그 이후로 어떤 것들은, 심지어 수리 비용의 10분의 1 값으로 팔렸다. 이거야말로 수지맞는 장사였다. 신규가입한 투기꾼 젠틀맨 드라이버들은 페라리를 헐값에 넘기고 골프 디젤을 구입했다.

룰렛 도박꾼들의 재난이 비록 재미있기는 하지만, 금융이라는 더욱 높은 구중궁궐에서 일하는 그들의 대형(大兄)들이 겪은 재난에 비하면 새발의 피다.

1987년, 이번 공황은 옛날의 공황이 아니다

공황이 무엇으로 촉발되었는가는 중요하지 않다. 1987년 미국은 예상보다 훨씬 큰 적자의 징조를 보였다. 2년 후 미국과 독일의 중앙은행들 간에 이율 문제로 대립이 벌어졌다. 중요한 것은, 이른바 경제 메커니즘의 제어라는 것이 우리를 악성의 놀라움으로부터 보호해주기는커녕 오히려 우리를 참으로 빛나는 경악으로 내몰아 간다는 사실을 우리가 깨달아야 한다는 것이다. 그러나 안심하시라. 피할 수 없는 대경실색의 순간이 지나고 나면 우리네 경제학자들은 우리를 안심시키고 싶어했었으니까 말이다.

1987년은 1929년 증시공황과는 다르다

1929년에는 증시공황으로 인해 경기 침체가 일어났다고들 한다. 그러나 1987년에는 그런 것이 전혀 없다. 오히려 반대다. 위기로 인해 시장이 정화되었다. 이 사실은, 시장의 어느 부분인가는 분명 불건전했다는 것을 역으로 증명한다. 이 「어느 부분인가」가 과연 어디인가 하는 문제가 남는다. 1929년에 대해 이야기헤보자면, 증권 파동의 첫단게는 아마도 거품경제에서 생긴 것이었으며, 이어지는 대몰락은 경제공황의 결과였지 원인이 아니었다는 점만은 잊지 말아야 할 것이다. 아니다. 지금은 1929년이 아니다. 이번에는 소주주들이 겁내지 않았다. 그들은 그럴 필요가 거의 없었다. 대주주들이 그들을 대신해 충분히 두려워했다. 1987년 월스트리트에서 매도 주문의 70%가 최소한 1만 주 이상의 뭉치였다.

그것은 컴퓨터의 오류였다. 컴퓨터들은 가격 하락에 대해 바보처럼 반응을 보였다. 이 사실은 그 프로그램을 만든 하버드 대학교 출신의 프로그래머들이 어느 정도나 멍청한가를 증명할 뿐이다. 국가가 개입해 컴퓨터의 접속을 차단해야 했다. 그 후 다우존스 지수 하락폭이 50포인트를 지나면서부터는 자동이었다. 동시에 사람들은 그 프로그래머들과의 접속도 끊어버렸다. 미국에서만 대략 2만 5,000명의 골든 보이가 실직했다. 이는 그 직업에 종사하는 사람들의 10%에 이르는 숫자였다. 말 그대로 10분의 1을 죽인 것이다. 한때 대표주자로 꼽혔던 몇몇은 감옥에 갔다. 차익거래(arbitrage)의 황제였던 이반 보에스키(Ivan Boesky)와 드렉셀 번햄의 데니스 레빈(Dennis Levine)은 1986년부터 수형생활을 하고 있었다. 신기록 제조기였던 밀켄은 드렉셀사를 파산으로 몰아 넣기 직전에 98개의 죄목으로 기소되었다. 속죄양들이 퇴장한 것이다.

극도의 황량함만 감돌았다. 월스트리트의 포르셰 자동차 딜러는 문을 닫았다.

아니다. 1929년이 아니었다. 2조 달러가 연기처

럼 날아가 버렸다는 점을 반드시 심각하게 생각해야
만 하는 것은 아니다. 2조 달러는 아프리카 대륙 전
체가 1년에 생산하는 부의 네 배에 불과하니까 말이
다. 어쨌든 잃어버린 땅의 대부분이 그 이래로 회복
되었다. 그러나 아프리카는 여전히 가난하다. 그렇
다면….

그래서 모든 것을 잊어버리고 다시 시작하는가?

공황은 잊자. 그리고 공황이 지나가고 난 후 풍경
이 어떻게 변했는지를 보자.

평온하지만 여기저기 균열이 생긴 풍경

부동산 폭락

부동산은 프랑스인들이 특히 집착하는 대상이다.
부동산은 견고하다. 그것은 닳아 없어지지 않는다.
부동산 상속재산은 그 어느 것에도 심각하게 손상되
지 않는다. 그뿐 아니라 1980년대의 투기 광풍 속
에서도 이 부동산에 대한 집착은 수익이 있었다. 그
것도 고수익이었으며 즉각적인 수익이었다. 우리의
금융 천재들은 고급 중역회의에 모여 만장일치로 부
동산에 덤벼들었다. 이들은 참으로 놀랍고도 대단한
의견일치를 통해 새로운 사업을 시도했다. 몇 가지
예를 들어보자 .

• 기업은행(Comptoir des Entrepreneurs) : 1991~
  95년 사이 160억 프랑 손실. 주가 270프랑에서 9

프랑으로 하락. 정부에서 나서서 안락사시키기로
결정했다.

- 워름 은행(Banque Worms) : 4년 동안 160억 프
랑 손실. 소유주 UAP 나락으로 떨어지다.
- 페닉스 은행(Banque de Phénix) : AGF의 자회사.
시미크은행〔(Crédit Chimique : 페시니(Péchiney)의
자회사)〕과 연합해 부동산업에 뛰어들었으며 1991
~95년 사이에 30억 프랑 손실.
- 마르세이예즈 은행(Marseillaise de Crédit) : 4년
동안 30억 프랑 손실을 입은 후 매각되었다.
- 부동산 은행(Crédit Foncier) : 1995년 107억 프랑
손실. 막대한 부동산 재산(50만m^2)과 정부의 보호
를 받아온 긴 역사. 부동산취득 융자금(PAP)을
운용한다. 1988년부터 은행은 방향을 선회한다.
부동산에 전적으로 몰두한 것이다.
- GAN : CIC의 자회사인 UIC의 중개로 1987~93
년까지 500억 프랑의 부동산 매매거래를 위해 출
자한다. 이 분야에서만 입은 손실이 거의 260억
프랑으로 추정된다.
- UAP : 1996년 한 해 동안 65억 프랑 손실. 프랑
스 보험회사인 이 회사는 워름 은행을 통제할 능
력을 상실했을 뿐 아니라 자멸적으로 팽창하는 자
기 자신도 통제하지 못함으로써 악사(Axa)에 먹히
고 말았다.

가장 대단했던 사건은 리옹은행 건이다. 세계 제1
의 은행이 되겠다는 야심을 가진 리옹은행은 특히 부
동산업을 포함한 전 분야에 걸쳐 무분별한 거래에 뛰
어들었다. 결과는 참담했다. 최소한 1,300억 프랑의
손실을 입었고, 이 실패로 리옹은행은 거의 2,000억
프랑에 달하는 부채를 떠안게 되었다. 이 금액은 샹
젤리제와 라데팡스의 모든 부동산 가격을 합한 금액
또는 한 가구당 1만 2,000프랑의 빚에 상당하는 액
수였다.

이상의 실패는 회계감사관이라는 엘리트 집단의
범죄에서 비롯된 것이긴 하지만, 개개인이 앞장서
나간 것도 그 책임을 면할 수는 없다.

유로터널 또는 구멍파는 기술

영불해협 아래로 터널을 놓겠다는 오랜 꿈은 2세
기가 지나서야 겨우 이루어지게 되었다. 대처 여사
는『공금은 단 1페니도 쓸 수 없다』는 원칙을 엄격
히 준수할 것을 미테랑에게 요구했다. 이것은 어쨌
든 상관없다. 굉장히 복잡한 재정계획이 수립되었다.
처음에는 198개 이상의 은행에서 출자했다. 은행 수
는 곧이어 225개에 달했다. 이 감격적인「세기의 건
설현장」을 위해 대중들에게 도움을 요청했다. 1987
년 주식이 주당 35프랑에 발행되었다. 첫번째 주식
청약에는 74만 명이 몰렸다. 『대부분의 주주들은 마
음에서 우러나는 외침에 응했던 것이다. … 영불해협

밑으로 난 터널은 거의 전설적인 신화를 실어 날랐다. 이런 의미에서 소주주들의 청약동기는 다분히 감정적이었고 상당 부분 비이성적인 데가 있었다.』[11] 이러한 충동으로 인해 그들은 전혀 무시해서는 안 될 사항을 무시했다. 주식발행위원회에서는 팜플렛에 작은 글씨로 『위험이 있을 수도 있습니다』라는 단서를 슬며시 달아두었던 것이다. 1989년 5월까지만 해도 주식은 상당히 좋은 값을 유지했다. 당시 그 주식은 128프랑이라는 최고가를 기록했다. 그러나 곧바로 꿈은 악몽으로 바뀌었다. 공사를 발주할 때 추산되었던 600억 프랑으로는 비용이 턱없이 부족한 것으로 드러났다. 추가 건설비용이 1987~94년까지 280억 프랑에서 460억 프랑으로 늘어났다. 영업개시 시기가 1년 이상 연기되는 것이 확실해지자 금융 부담은 더욱 가중되었다. 출자의 필요가 배가되었다. 새롭게 대출을 해야 했고, 증자를 요청해야 했다(물론 이 과정에서 기존의 주주들은 우선청약의 특혜를 누렸다!). 한 가지는 확실했다. 1987년 11월 35프랑에 발행되었던 유로터널 주식은 1989년 5월까지 128프랑으로 치솟았으나, 이제는 완전히 폭락해 겨우 7프랑 정도에 지나지 않는다. 1987년 11월 공식광고에서 내세웠던, 「사업허가 취득 이전 기간 동안 약 17%의 예상수익」과는 거리가 멀었다. 만약 실제로 그렇게만 되었더라면, 유로터널의 공동의장이 말했듯이 이것이야말로 진짜 「확실하고도 안

11) Albert Jauf-
　　fret, 유로터널
　　주주 변호위원단
　　단장,
　　〈르 몽드(Le
　　Monde)〉,
　　1997년 1월
　　28일자.

전한 투자」였겠지만….

일본과 미국 : 다시 시작하다

1987~89년의 증시공황을 여느 나라보다 더 오랫동안 기억할 나라가 있다. 바로 일본이다. 일본의 증권시장은 눈부신 호황을 누렸고, 따라서 증권시장의 추락에 그만큼 더 오래도록, 그리고 더 호되게 타격을 입었다. 닛케이 지수는 1989년 말에서 1992년 사이에 60%나 떨어졌다. 도쿄의 부동산 시세는 30% 하락했다. 일본의 은행 시스템은, 국가가 개입해 파산하는 은행 수를 줄이고 그 위급함에 제동을 걸어주고서야 비로소 간신히 구제되었다. 나라 전체가 1945년 이래로 겪어본 적이 없는 혹독한 경기후퇴의 수렁에 빠졌다. 일본에게 1990년대 전반기는 회의의 시기였다. 경제학의 세계 최고 권위자들이 모두 나서서 『국가는 더 이상의 간섭을 그만두어야 한다』고 충고했다. 그러나 이들의 신중한 충고에도 불구하고 일본 정부는 팔을 걷어붙이고 나섰다.

1992~94년까지 GDP의 10%에 달하는 네 가지 경기부양계획이 가동되었다. 이 기간 동안 일본은행은 이자율을 1.75%까지 낮추었다. 지금껏 그런 일은 한번도 없었다. 어떤 해설가들은 주저없이 「일본 역사의 종말」과 일본식 개발모형의 종말을 예상했다.

한 가지는 확실했다. 닉 리슨(Nick Leeson)이라는 또 한 명의 주식 중개인 출신 골든 보이의 몰락을

야기한 주체가 바로 일본이라는 것이다. 그는 닛케이에 모든 것을 털어 넣었고, 그럼으로써 100년이 넘는 역사를 가진 베어링스(Baring's)은행을 파산으로 몰고 갔다.

그 밖에 우리가 확인하게 되는 사항이 있는데, 최근 들어 일본이 상처를 치유해가는 동안 증권시장에 낙관주의가 다시 활개를 치기 시작했다는 것이다. 뉴욕과 파리에서는 연일 기록을 갱신해가고 있으며, 그 황홀지경은 프랑스에서 좌파가 집권한 뒤에도 어찌하지 못했다. 좌파의 집권은 돈의 장벽에 부딪히던 그런 시대가 이미 아니다. 그러나 정부에는 여전히 공산주의자들이 있다. 어떤 새든지 붙들고 물어보라. 허수아비를 믿을 수 있는 건 한 순간뿐이라고 이야기해줄 것이다. 그리고 그런 시대도 이미 지나가 버렸다. 오늘날 중요한 것은 미국식의 전설적인 성장이다. 이것에 어떤 것이 감히 저항할 수 있겠는가? 5%까지 축소된 실업이? 파탄에서 벗어나 제자리를 찾은 일본이? 아무것도 저항할 수 없다. 신흥공업국들이라고? 폴 크루그먼(Paul Krugman)은 말한다. 하찮은 것들! 그런 나라들이 성장할 수 있는 것은『땀을 통해서이지 혁신을 통해서가 아니다.』[12] 혁신의 조국은 어디인가? 미국이다. 정보고속도로가 열려 있고, 인터넷이 망을 짜고, 꿈은 새로이 행진을 시작한다. 이로써 새로운 세대의 증권거래인들은 충분히 낙관론에 젖을 수 있는 것이다. 지난 번의 공황으로 증권시장이 쇄신되었다고 그들이 생각하는 것은 당연한 노릇이다. 파생시장이라는 「낡은」 바퀴가 전속력으로 굴렀으나, 새로운 바퀴 발명 경쟁은 이미 시작되었다. 비록 가공된 것이긴 하지만 주식의 총 규모가 세계 경제능력의 첫째 가는 힘으로 평가되는 풍조가 이미, 그리고 폭넓게 자리잡았다. 그러나 사람들은 혁신하고 또 혁신한다. 계속해서….

　　일반은행과 저축은행의 위기, 국채발행의 증가, 이율 폭등은 런던에 새로운 시장을 탄생시켰다. 예를 들면, 단기금융 분야의 환매시장(repurchasing market : REPO) 같은 것이다. 『이 제도의 비약적인 발전은 벌써 총통화에서 느껴지기 시작했는데, 총통화의 상승은 감독 당국을 긴장시키고 있다.』[13] 트레이더는 여전히 극심한 스트레스에 시달린다. 『고통을 견뎌내야 하는 한도가 어디까지인지 모른다. 이 직업에서는 냉혹하고 무자비해야 한다. … 우리는 처음엔 10명이었다. … 끝내 8명이 쓰러졌다….』새로운 골든 보이의 자연적인 선별과정이 시작되었다.

12) 〈르 몽드〉, 1996년 2월 29일자.

13) 〈르 몽드〉, 1997년 2월 8일자.

이번에는 그 나무가 하늘까지 자랄 것인가? 이것에 대해 의심을 품을 수도 있다. 1997년 8월의 미니공황은 이미 그 축제의 끝을 예언하고 있는 것은 아닐까?

3

공황을 일으키는 특별한 장난감

그들과 가깝고 친근한 것은
그들에게서 멀어졌고, 비참하게도
아, 찬연함이여, 그리스는 쇠락의 길로
갔다.

— 휠더린(Hölderlin)—

역사는 언제나 경제학자를 괴롭힌다. 역사는 경제학자의 법칙에 불확정성으로 맞선다. 역사는 규칙 따위에는 아랑곳하지 않으며, 여전히 그 어떤 것보다도 예측 불가능한 영역으로 남아 있다. 이렇게 되자, 역사를 정복하여 제 마음대로 말을 부리듯 역사를 제어할 수 있는가 하는 것이 경제학자의 가장 중요한 관심사 중 하나가 되었다. 경제학이라는 거드름 피우는 학문이 공개적으로 놀림감이 되는 곳은 아마도 이 요동치는 로데오에서일 것이다. 경제학자는 곡선과 추세 같은, 미리 설정된 모형을 갖고 역사와 마주한다. 그는 복잡하기 짝이 없는 구실들을 내세우며 곡선이니 추세니 하는 것에 역사를 강제로 끼워맞추려 한다. 지금 우리는 성실한 경제사학자들을 비판하고자 하는 것이 아니다. 우리가 비판하고자 하는 것은 역사를 합네 하고 과시하는 경제학자들이다. 그런 부류들의 유일한 관심사는 역사를 상자 속에 가두어놓고 자신들의 설명적 가설(假說)에 역사를 두드려 맞추는 것이다.

역사의 의미(또는 뒤통수 얻어맞기)

역사에 대한 역대 경제학자의 해석 중 가장 그럴 듯한 것은 고등학교 졸업반 학생이라면 누구든 「성장단계」라는 이름으로 알고 있는, 미국인 월트 휘트먼 로스토(Walt Whitman Rostow)의 발견물이다. 자, 무엇이 문제일까? 언뜻 보아도 이는 별로 대단한 것도 없는 허섭쓰레기다. 교육목적상 작성된 이 보잘것없는 도식은 게으른 학생들을 다루는 피곤한 선생들이 사용하는 그런 유의 도식이다. 《경제성장단계(Étapes de la coissance économique)》(1960)의 저자의 말에 따르면, 인류의 역사는 다섯 단계의 성장으로 요약된다. 인류 역사가 생산 증가의 역사로 요약된다는 것을 의심할 사람이 있겠는가? 이들 단계를 일일이 되새겨볼 가치도 없겠지만, 간단히 말하자면 이렇다. 그 단계는 「전통사회」로 시작해, 실제로 종착점일 수밖에 없는 「대중소비사회」로 끝난다.

그러나 가장 중요한 단계는 중간 단계인, 그 유명한 도약단계(take off)다.

로스토는 역사를 십자가에 매닮으로써 그렇게 쉽사리 못을 박을 수 있었다. 영국의 도약은? 1780년경이다. 미국은? 1840년 이후다. 일본은? 1880년이다. 프랑스는? 1830년이다. 이 도식으로 말미암아 역사에 대한 우리 학생들의 이해력은 극단적으로 비뚤어지게 되었을 뿐 아니라, 그 논리는 몇 가지의 결함까지 드러낸다. 그 결함에 비하면 샌디에이고(San Diego)의 결함은 간단한 균열에 불과하다. 우선 우리를 경악케 하는 것은 로스토가 몇 세기의 역사를 얼마나 쉽사리 한 손바닥으로 쓸어내 버리는가 하는 것이다. 그는 「전통사회」라는 출발점 안에다 몇 세기의 역사를 전혀 구분짓지 않고 쓸어 담는다. 역사는 1750년경 그 유명한 「산업혁명」과 함께 비로소 시작되는 것이다. 방심하고 있던 동시대인들〔애덤 스미스(Adam Smith), 장 밥티스트 세(Jean Baptiste Say) 또는 리카도〕은 산업혁명이 일어나는 것을 눈치채지도 못했던 것이다. 1750년 이전에는 아무 일도 벌어지지 않았고, 인간들은 선대들의 행위를 그대로 답습하는 「판박이」 사회였다. 그러나 참으로 다행스럽게도 우리에게는 다른 유의 역사가들〔페르낭 브로델(Fernand Braudel), 조르주 뒤비(Georges Duby), 특히 자크 르 고프(Jacques Le Goff)〕이 있어서, 자본주의가 어떻게 점진적으로 발달해왔는지, 그것도 11세기부터(！) 어떤 식으로 발달해왔는지를 알게 되었다. 로스토에게는 해상무역, 한자동맹, 프로방스 연합, 르네상스기의 이탈리아는 「전통사회」에 불과했다.

도약단계는 어떤가? 이 시기는 대단히 빨리(20～40년에 걸쳐) 진행되며 모든 나라에서 동일한 조건으로(대규모 투자, 전격적인 기술혁신, 자동차 산업의 등장) 진행된다. 바른 뜻을 가진 많은 연구자들은 「성장단계」의 폐해를 바로잡기 위해 전례 없는 노력을 경주해야 했다. 그 예를 살펴보자. 폴 베로크(Paul Bairoch)는 산업혁명 이전에 농업혁명이 어느 부분엔가는 있어야 한다는 것을 환기시켰다. 장 마르체프스키(Jean Marczewski)는 프랑스에 과연 도약단계가 있었는가 하는 문제를 진지하게 제기했다. 그는, 로스토가 제기하는 시기(1830～70년)가 그 전이나 그 이후의 시기에 비해 특별히 더 주목할 만한 점이 없다는 것을 증명했다. 프랑스 산업혁명의 시작 시기가 언제인가 하는 문제는, 단번에 경제학자와 역사학자들 사이에 난제가 되었다. 1815년부터라고 하는 사람들이 있는가 하면, 1880년대 들어서야 비로소 시작되었다는 사람들도 있고, 어떤 사람들은 20세기 초반까지 기다려야 한다고도 주장했다. 프랑스는 도약단계를 전혀 겪지 못했을 수도 있다. 물론 프랑스가 발전하지 않았다는 뜻은 아니다. 다만 도약이라는 개념에 중대한 결함이 있기 때문이다. 그

개념에는 어떤 역사적 실재도 없다. 달리 말하자면, 그 개념은 보편적이지 않다. 정도 문제가 아니라 아예 말이 안 되는 소리다. 프랑스의 경우를 예로 들어보자면, 농민 출신의 노동자 계급이라는 규범적인 도식(마르크스야말로 이것을 창안하는 데 지대한 공헌을 했다)을 찾아보려면 대단히 많은 난관에 부딪히게 된다. 농촌인구가 도시로 이동하는 현상이 영국에서는 19세기 초반에 이미 완료되었지만, 프랑스에서는 대단히 늦게 일어났을뿐더러 1950~60년대까지(!) 계속되었다. 로스토의 도식에서 가장 큰 폐해는 역사적 판단력에 미치는 폐해가 아니다. 그보다 훨씬 더 구체적인 것으로서, 로스토의 주저(主著)가 등장한 바로 그 시점에 국가발전이라는 시급한 과제에 내몰리고 있던 제3세계의 여러 국가에서 그 책이 불러일으킨 폐해를 들 수 있겠다.

이 미국적인 사고에 젖은 국제기구들과 국가들은 로스토의 도식이 암시하는 바를 행동의 축으로 삼아 도약단계에 들어서기 위해 전력을 다했다. 투자를 해야 한다고? 그렇다면 부자들이 부를 쌓도록 도와주자, 오직 그들만이 투자할 수 있으니까. 산업화해야 한다고? 그렇다면 사회의 균형이 깨지거나 국가가 황폐해지는 것 따위는 신경쓰지 말고 가장 야심찬 계획을 세우자. 심지어는 가말 나세르(Gamal Nasser) 같은 「비동맹」 국가의 수반조차 그 책에 열광했다. 개발에는 몇 세기의 준비기간이 필요했는데도, 단시일 내의 개발에 과도하게 매달린 참혹한 결과를 우리는 익히 알고 있다. 이런 정책은 실패로 돌아갔고, 사람들은 이 도식에 뭔가 결함이 있는 것이 아닌가 의심했다. 통찰력 있는 몇몇 경제학자들은 깜짝 놀랄 만하고 대단히 중대한 결함을 다수 발견했다. 인구통계학적인 성찰이 전혀 없다는 것, 기술의 이전 현상에 대한 분석이 전혀 없다는 것, 저개발국가들 간의 구별이 전혀 없다는 것…. 어디 그뿐이겠는가. 18세기의 「저개발국가들」과 20세기의 저개발국가들을 구분조차 않고 있다는 것은 새삼 말할 필요가 없다. 이것은 마치 선진국들, 당연히 패권주의적인 또는 패권을 쥐고자 하는 선진국들의 존재가 선진화가 덜 된 국가들의 상황에 아무런 영향력을 행사하지 않는다는 논리와 같다. 그러나 지배현상이 얼마나 결정적인지는 라울 프레비시(Raúl Prebisch)와 임마누엘 왈러스타인(Immanuel Wallerstein), 또는 F. 페루(F. Perroux)에 의해 밝혀졌다. 미국인 로스토는 그것을 설명할 수 없었다. 그의 분석에 따르면 이른바 남쪽 국가들의 「지체」는 당연한 것이었으며, 그런 그의 분석은 오직 성장과 자유주의만을 찬미했다. 역사는 이 모든 분석과정 속에서 전혀 별개의 문제였다. 하물며 경제학이야 더 말해 뭐하겠는가? 로스토는 단 한 순간도 발전과정에 대한 개략적인 설명조차 제시하지 못했다.

연성(軟性) 학문의
가장 엄격한 분파의 옹호자들이
그리스의 여신을 강간한
한탄스러운 결과

클리오를 강간하다

신경제학사(New Economic History : NEH)를 아는가? 이 경제사학파는 1950년대 말 미국에서 발전했다. 다행스럽게도 이 학파는 미국을 떠나지 않았고, 구대륙은 이 학파로 인한 피해를 심하게 입지 않을 수 있었다. 그러나 구대륙에 피해가 없었다는 것은 대단히 예외적인 경우였고, 이 사실은 강조될 필요가 있다. 「클리오메트릭스(cliometrics)」라는 지적(知的)인 학파의 구성원들은 스스로를 「클리오메트리시엔(cliométriciens)」이라고 명명했다. 이 이름에서 알 수 있듯이, 연성(軟性) 학문의 가장 엄격한 분파인 계량경제학의 옹호자들이 그리스의 여신을 강간한 한탄스러운 결과가 바로 「클리오메트릭스」인 것이다. 이 학파는, 그 학파의 추종자들인 피슐로(Fishlow)와 로버트 포겔(Robert Fogel)이 정의하듯이 「미국의 자손」이었다.

NEH의 수단은 무엇이며, 특히 그 성과는 무엇일까? 방대한 양의 통계를 처리할 수 있는 능력을 갖춘 오늘날의 도구들을 적용함으로써 전통적인 역사를 뛰어넘어 보자는 것이 핵심사안이었다. 그래, 인정해주자. 프랑스에서도 아날(Annales) 학파가 역사의 「양」적 접근을 통해 괄목할 만한 업적을 이루어 냈으니까 말이다. 그러나 불행하게도 NEH의 경우에는 실천이 너무도 빨리 우스꽝스러운 광대짓으로 전락해버렸다. 「경제학이 없는 경제사라는 부조리」를 벗어나 보자는 목표에서 계량경제학의 계산방법을 역사에 적용하는 데 만족하지 않고 그 모형과 이론까지도 적용하려 들었다. 클리오메트리시엔들 중 가장 유명한 포겔은 이젠 NEH의 고전(古典)이 된 1964년판 《철도와 미국의 경제성장(Railroads and American Economic Growth)》에서 바로 그랬다. 포겔에 따르면, 미국의 철도에 대한 「전통적인 서술체의」 역사는 지나치게 「피상적으로 씌여졌다」. 이 역사는 「필수불가결성의 공리」에 굴복하는 중대한 오류를 범했다. 다시 말하자면, 이 역사는 『철도가 성공함으로써 운송을 위한 다른 타개책을 연구할 필요가 없어졌다는 암묵적인, 그러나 검증되지도 않은 가정에』[1] 근거하고 있다. 그러나 철도가 산업혁명에 필수적이었다는 생각은 『관찰된 자료가 아니라 검증되지 않은 추측에서 비롯된 것이다.』 포겔의 결론은 단호하기 이를 데 없다. 즉 일반적인 생각과 반대로 미국에서는 철도가 없었어도 산업혁명이 일어날 수 있었으리라는 것이다. 그의 책은 『철도가 없었을 경우 미국의 실제 생산과 대체 운송수단의 건설가능성』

1) Robert Rollinat, 〈경제문제(Problémes économiques)〉, 2444호.

을 계산함으로써—아, 그 복잡함을 상상이나 할 수 있겠는가—그것을 증명하고 있다. 그뿐이 아니다. 『개별적으로 고찰해보면 그 어떤 혁신도 19세기 경제성장에 필수적인 것은 아니었다.』이거야말로 우리를 안심시켜주는 것 아니겠는가. 어쩌면 우리는 이것을 절대적 상대화라고 부를 수도 있겠다.

사소한 얘기 하나만 덧붙이도록 하자. 포겔은「경제학에서 비롯된 개념과 모형, 개념을 역사 연구에 도입한」공로로 1993년 노벨 경제학상을 수상했다.

공산주의는 몰락했다, 역사는 끝났다

성장률을 예측할 재간도 없고 역사를 해석하는 데도 서투른 경제학자로서는 현 세계의 어마어마한 대붕괴를 설명할 재간이 있을 리 없다. 그러나 이와 반대로 일단 그런 사건이 벌어진 이상 그 붕괴로부터 최종 결과를 이끌어내는 데에는 경제학자를 따라올 자가 없다. 소련의 붕괴는 그에 대한 가장 완벽한 예증이다. 서구의 어느 경제학자도, 여느 인문과학의 대표적인 학자들이 그러지 못했듯이, 이 같은 불가항력적인 대지각 변동이 오리라고는 느끼지 못했다. 이것을 직감한 유일한 사람은 1975년 《최후의 몰락》[2]이라는 명시적인 제목의 책을 펴낸 인구통계학자, 에마누엘 토드(Emmanuel Todd)다. 요 근래 몇 년 사이 프랑스 선거 시평담당자들에게 소재를 제공한 「사회단층(fracture sociale)」이라는 개념을 공

2) Emmanuel Todd, 《최후의 몰락(La Chute finale)》, Laffont, 1976.

식화한 이도 바로 토드라는 사실에 우리는 주목해야 한다. 우리는 마땅히 그에게 감사해야 한다.

우리의 경제학자들이 공산주의 세계에 실제로 관심을 가진 적은 결코 없었다. 경제학자들로서는 최근 몇십 년 동안 자신들이 이해하지 못하는 우리의 위기를 다루는 데에도 너무나 할 일이 많았다. 그러니 다른 세계의 위기를 이해하려 들 엄두조차 낼 수 없었겠다. 그것을 어찌 우리가 모르랴. 하지만 공산주의가 자결했을(공산주의의 사망을 달리 표현할 방도가 있을까?) 때, 그 놀라움은 정말이지 대단했다. 그럼에도 불구하고 자유세계의 여러 캠프에서는 모두들, 이 체제는 작동이 불가능한 것이었다고 은근히 말했다. 어떤 이들은 포겔의 방법을 이용해, 만일 러시아에 사회주의가 정착하지 않았더라면 아무것도 변하지 않았을 것이라는 생각이 가능하다고까지 했다. 또 다른 이들은 사회주의에 대해 빈정거렸다. 마치 길고 긴 여정은 자본주의로부터 결국은 자본주의로 이어진다는 것처럼….

그러나 이 파국으로부터 몇 사람들이 암묵적으로 이끌어낸 듯한 주요 가르침은, 아주 간단히 말해 역사는 끝났다는 것이다. 프랜시스 후쿠야마(Francis Fukuyama)라는 어떤 미국인이 감히 소리 높여 그렇게 주장했다. 1992년 출판된 그의 책 《역사의 종말과 최후의 인간》[3]은 1989년 한 논문의 개략적인 분석의 연장선상에 있다. 최악의 사태는, 고심참담했

3) Francis Fukuyama, 《역사의 종말과 최후의 인간(La Fin de l'histoire et le dernier homme)》, Flammarion, 1992.

으나 신통치 않은 후쿠야마 작품의 성과가 시장경제 지지자들 모두의 공식적인 생각이 되었다는 것이다. 물론 그들이 문제를 그토록 간단히 제시하지는 않을 것이다. 그들은 완곡하게 표현하기도 하고 여담을 섞어가면서 이야기할 것이다. 그러나 우리의 지식인들이 은근히 품고 있는 생각은 그 근본을 따져보면 후쿠야마의 생각과 다르지 않다. 즉 이제부터 이 세계는 가능한 한 최선의 경제체제인 시장과 가능한 한 최선의 정치체제인 민주주의를 갖게 되었다는 것이다. 어찌 이보다 더 나은 것을 꿈이나 꿀 수 있겠는가? 이 체제 이상의 것이란 상상할 수 없다. 만약 유럽을 포함해 어디에서든 전쟁이 일어난다면, 그것은 해묵은 악마, 예컨대 특히 종교 같은 악마를 완전히 제압하지 못하기 때문에 발생할 것이다. 만일 역사가 계속 이어진다면, 그것은 과거에 빚을 갚기 위해서다. 실제로 우리가 과거보다 더 나쁜 것을 상상이나 할 수 있겠는가? 공포를 설명할 수 있는 것이 딱 하나 있는데, 이는 과거가 부활하는 것이다. 교조주의일까? 그렇다면, 그것은 중세의 부활이겠다. 민족주의라고? 19세기의 부활이겠지. 국민전선일까? 그렇다면 그건 비시(Vichy) 정부의 부활이겠다. 현재와 미래는 무죄다. 이것이 분명하게 의미하는 바는, 거꾸로 되돌아가는 것 말고는 다른 변화란 없다는 것이다. 모든 변화는 퇴행일 수밖에 없다는 것이다.

인간의 존엄성에 대한 모든 위해(危害) 중에서 이것만큼 위중하며 범죄적인 것은 없다. 하지만 경제적·정치적 자유주의 사상의 계획이 바로 이런 것이다. 역사는 이제 끝장났다는 것이다. 프리드리히 빌헬름 니체(Friedrich Wilhelm Nietzsche)에게 미래를 내다보는 영감이 있었다면, 우리에게는 확신이 있다. 자본주의는 역사의 종착지가 아니다. 다만, 역사의 종착지가 되고자 하는 것이 자본주의의 야심일 뿐이다.

순환(또는 스스로를 안심시키는 방법)

여러분은 비코를 아는가? 장 밥티스트 비코(Jean-Baptiste Vico)는 역사를 영원한 반복이라고 말했던 18세기의 나폴리 철학자다. 경제학자들이 관례적으로 인용하는 참조 인물의 목록에 니체와 마찬가지로 그가 포함되어 있지 않은 이유는, 그가 제시한 길이 경제학자들이 언제, 어느 때라도 기쁜 마음으로 좇는 그런 길이 아니었기 때문이다. 역사는 순환한다. 역사는 위기와 번영의 연속일 뿐이다.

구약성서를 보면 요셉(Joseph)이라는 이름을 가진 인물이 등장하는데, 그는 경제학자의 원형이라 할 만하다. 번득이는 직관력을 가진 그는 파라오에게서 해몽을 부탁받자, 7년 동안 「암소가 마르고」, 7년 동안 「암소가 살찌는」 풍요와 궁핍이 연속될 것이라고 답했다. 이것이야말로 경제주기를 최초로 공식화

한 것이다. 그 이래로 이와 똑같은, 그러나 점점 더
정교한 논증으로 뒷받침된 유혹이 경제학자들의 머
리에서 떠나지 않는다. 우리가 금방 느낄 수 있는
「계절변동」과 몇몇 생산물에 고유한 리듬에 따라 결
정된 농업순환으로부터 시작되는 순환은 경제학의
도처에 편재한다. 최초의 순환이론인 윌리엄 스탠리
제번스(William Stanley Jevons)의 「흑점」[4]이론이 등
장할 때까지는 자연의 리듬이 순환의 결정요소로 오
랫동안 인정받아왔다. 그러나 「흑점」이론이 등장하
고 난 뒤에는 태양의 흑점주기(대략 10년)가 수확을
결정짓고, 따라서 경제활동을 전체적으로 결정했다.
그러나 모색단계에 불과한 이 이론은 곧바로 조제프
클레망 쥐글라(Joseph Clément Juglar)의 「주순환」
또는 경기순환 분석에 그 위상을 빼앗겼다. 쥐글라
는 1860년부터 분석을 시작했다. 그는 순환이란 자
본주의에서만 찾아볼 수 있는 독특한 문제로서 8~
10년의 주기성을 가지며, 그 파동의 정점에 이르면
증시공황이 발생하고, 근본적으로 화폐적인 결정요
인을 가진다는 것을 밝혀냈다. 이 분야에서 또 하나
의 거대한 발자취는 20세기 초 러시아인 콘드라체프
가 남겼다. 그는 대략 60년 정도의 장기파동을 찾아
낼 수 있다고 생각했다. 자본주의의 위기가 최후의
것이 아닐 수도 있다고 감히 상상한 대가로 시베리
아에 유배되었던 그는 자신의 연구업적으로 인해 목
숨을 잃었다. 자신의 사상을 발표한 대가로 목숨을

4) W.S. Jevons,
《통상위기와
태양흑점
(Commercial
Crisis and
Sunspots)》,
1878.

잃은 유일한 경제학자인 이 순교자에게 경의를 표하도록 하자〔제3제국의 위대한 재정학자인 샤흐트(Schacht) 박사의 예도 있으나 그는 뉘른베르크에서 석방되었다〕. 콘드라체프를 통해 우리는 또 하나의 순환을 발견하게 되었는데, 이것이 가지는 이론적인 미덕은 그 미덕 자체가 공공연하게 순환적이라는 데 있다.

경제학자들의 관례적인 생각에 순환에 대한 성찰이 긴요하다고 느껴지는 것은 위기의 기간이다. 반대로 성장 기간 동안에는 순환에 대한 생각 같은 것은 까맣게 잊는다. 콘드라체프는 19세기 말의 대위기를 분석함으로써 자신의 이론을 조율했다. 슘페터가 이 러시아 학자의 논문들을 재발견한 것도 1930년대의 대불황 중이었다. 그는 하나의 시스템을 고안해, 그 때까지도 다른 경제학자들이 하나하나를 분리해야 한다고 생각했던 여러 종류의 주기를 그 시스템 안에 완벽하게 끼워맞추어 넣었다. 키친(Kitchin) 주기(3년 반)는 쥐글라 주기(8년 반) 속에 통합되었고, 그것들은 대략 50~60년 기간의 콘드라체프 주기 속에 모두 통합되었다. 우리가 여기에서 주목해야 하는 것은 다른 경제학자들 역시 이 러시아 학자의 주기 덫에, 즉 완벽한 조각맞추기처럼 서로서로 끼워맞춰지는 주기들의 덫에 걸려들었다는 점이다. 다만, 우아하기가 그만 못했을 뿐이다. J. 애커먼[5]을 예로 들 수 있는데, 그는 「대략 근사치로

5) J. Akerman, 《경기순환과 구조(Structures et cycles économiques)》, 1955.

콘드라체프 주기는
모든 주기들의 목록과도 같은 것이다.

하면」 각각의 시기들은 두 단계 하위의 길이를 갖는 하위 두 기간들의 결과일 수도 있다고 생각했다. 그렇다면 모든 주기는 1-2-4-8-16-32-64 타입의 기하급수 안에 수용될 수 있을 것이고, 계절 변동에서부터 키친 파동, 쥐글라 파동뿐 아니라 기타 모든 파동을 포함해 콘드라체프 파동에 이르기까지 기존의 모든 주기를 그 수열 속에 정돈할 수 있을 것이다. 기왕에 사정이 이러한데, 왜 단번에 더 멀리까지 가지 않을까? 왜 아니겠는가, 그 일을 과감히 해치운 이가 있으니 그가 바로 J. 슈발리에[6]다. 그는 「통제 경제체제」와 「자유주의」의 기간이 상호 교대되는 것을 특징으로 하는 약 150년 주기를 생각해냈다. 이제 곧 알게 되겠지만, 몇몇 경제학자들은 성공을 눈앞에 두고서 포기할 이유가 없다고 생각했던 것이다.

모든 주기 중에서도 최근 몇십 년 동안 학자들에게 가장 많은 잉크를 소비하게 만든 것은 콘드라체프 주기였다. 예상할 수 있듯이, 그 기간은 위기의 시기였기 때문이다. 또한 콘드라체프 주기가 모든 주기의 목록과 같은 것이기도 하다는 사실은 물론 말할 나위가 없다. 만일 그 존재를 증명할 수만 있다면, 콘드라체프 주기는 거의 완전하다고 할 만한

6) J. Chevalier, 《경제세계의 리듬(Les Rythmes du monde économique)》, 1947.

설명능력을 갖고 있었다. 상상해보라. 4반 세기의
팽창과 4반 세기의 쇠퇴. 역사는 마치 메트로놈과
같이 정돈될 수도 있을 것이다. 30년 동안의 성장이
지나고 나면, 정확하게 그만큼의 기간 동안 지속되
고자 고집을 피우는 것처럼 보이는 위기의 기간을
우리는 겪게 된다. 슘페터가 메커니즘을 기술하는
것으로 만족했겠는가? 그는 거기에 그치지 않고 우
리에게 그 메커니즘의 작동 비밀도 알려주었다. 순
환의 원동력은 다름 아니라 혁신, 기술이었다. 사이
버타임(cybertepms)의 흐름 속에서, 그 장난감(역주
순환의 메커니즘을 비꼬아 한 표현)은 그야말로 환상
적이다. 「영광스런 30년」은 그 기간에 추가된 「혁신
의 포도송이」로 설명된다. 「우울한 30년」 또한 그와
마찬가지로 혁신의 포도송이의 고갈로써 설명된다.
따라서 우리 앞에는 새로운 성장의 여명이 비치고
있으며, 그 성장기는 사이버 혁신(cyber-innovations)
의 포도송이를 먹고 자랄 것이다.

10여년 전(이 기간은 분명히 우리가 그토록 기다리
던 위기로부터 회복으로 가는 과도기적 단계여야 할
텐데)쯤부터 우리의 경제 두뇌들 중에서 가장 우수
한 자들은, 마치 그것이 하늘에서 떨어지는 진짜 만
나(역주 manna : 모세의 인도로 이집트를 빠져나와 고
향으로 돌아가던 이스라엘인들이 시나이 사막에서 여호
와로부터 받았다는 음식물)나 되는 양 너나 할 것 없
이 모두 콘드라체프에 달려들었다. 수십 회의 토론

회와 수백 권의 책, 헤아릴 수 없이 많은 논문이 하나같이 모두 그 엉터리 같은 긴 주기를 조명하는 데 몰두했다.

그것이 갖는 전망 때문에 그 장난감이 뛰어난 것이라 하자. 비록 그렇다 하더라도 그것에 몇 가지 난점이 있다는 점만은 반드시 언급해야 하겠다. 우선은 이렇다. 콘드라체프와 슘페터는 A국면(성장국면)과 B국면(쇠퇴국면)은, 동일한 방향으로 가격이 변동하는 특징을 갖고 있음을 분명히 강조했다. 즉 A국면에서 가격은 상승하고 B국면에서 가격은 하락한다. 그뿐이 아니다. 대부분 분별력 있는 경제학자들은 콘드라체프 주기는 결국 가격 주기에 불과하다고 여겼다. 그런데 전후의 성장을 가격의 상승으로 특징지을 수 있는 것은 분명하지만, 1970년대에 시작된 위기는 디플레이션 기간으로 보이지 않는다는 것도 사실이다. 오히려 그 반대로 보인다.

금송아지는 여전히 서 있다

이런 것에 우리의 거만한 이론가들이 의기소침해할 것으로 생각하는가? 아니올시다. 가격을 화폐로 측정하지 말고(솔직히 그렇게 하면 너무 쉬울는지도 모른다), 더욱 현실적인 다른 단위로 측정하면 된다. 우리로서는 피해갈 수 없는 로스토가 하나의 도식을 제시한다. 그 도식에 따르면, 본질적인 요소는 상대 가격의 변화로 나타난다. 따라서 가격은 산업가격

(prix industriels)과 총생산물가격을 비교한 수준을 고려해야 한다. 생각은 나쁘지 않다. 다만, 놀라운 것은 도달한 결과다. 1951~73년의 기간이 불황 국면이라니! 또 하나 놀라운 것은, 정신들 차리시라, 1973년이 팽창 국면의 시발점이라는 것 아닌가! 놀라운가? 그렇지 않은가?

다른 경제학자들은 대꾸한다. 왜들 골머리를 썩이는가? 가격을 금으로 측정하자. 그렇게 되면, 1970년부터 오늘날까지의 기간은 누구나 생각하듯이 인플레이션의 기간이 아니라 그야말로 가격의 하락 시기인 것이다. 이런 것은 경제학에서는 흔하디 흔한 기적이다. 금이 정확하게 1971년부터 달러로 전환이 불가능해졌다거나, 1976년부터는 완전히 유통정지되었다는 것 따위는 우리 연구자들에게는 별 근심거리가 못 된다. 한 세기 전부터 가치의 보편 단위에 필사적으로 매달려온 집단에 속하는 사람들이 바로 이 생각에 가장 집착하는 경제학자들(마르크스주의자들)이라는 점은 분명히 말해두어야겠다.

이 단위는 노동이 될 수밖에 없다고 마르크스는 분명히 지적했다. 금을 측정단위로 삼겠다는 생각을 계산의 기초로, 예컨대 가격계산의 기초로 삼아서는 어느 누구도 궁지에서 헤어날 수 없다는 것을 우리는 알고 있다. 그런데도 우리의 마르크스주의 경제학자들이 너무나도 기꺼이 희열을 느끼면서 이 노란 금속에 달려들고, 이 노란 금속을 가치 단위로 설정하면서 너무나도 즐거워하는 것을 보면 놀라지 않을 수 없다. 더구나 금을 정말로 무엇인가의 상징으로 여긴다면, 그것은 마르크스가 《자본론(Capital)》 첫 페이지에서부터 고발해마지 않던 상품의 물신숭배가 아니고 무엇이겠는가?

어쨌든 우리는 마르크스주의 경제학자들의 능수능란함에 경의를 표해야 한다. 마르크스의 제자들이 생각하는 바처럼 그들 스승의 저서에서 대단히 중요한 순환명제를 옹호하기 위해 전심전력하는 마르크스 경제학자들의 변증법이야말로 얼마나 자유자재로운가! 그리하여 P. 보카라(P. Boccara)[7]의 접근은, 장기순환이 역사를 형성할 뿐만 아니라 반죽하는 두 가지 거대한 힘의 산물이라고 여긴다. 하나의 힘은 자본 축적과 기계에 의한 인간 대체의 결과인 이익률의 편향적인 하락이고, 다른 하나는 잉여가치의 새로운 원천을 찾으려는 자본의 쇄신된 노력이다. 따라서 역사에는 근본적인 반복과 심오한 질적 새로움이 동시에 있는 것이다. 이에 대한 생각은 여러분들에게 맡기겠다.

보카라는 거기에서 그치지 않는다. 그는 자신의 이론체계에 현실성을 더욱 부여하기 위해 순환의 강력한 요소로서 인구통계학을 서슴없이 이용한다. A 국면에서 성장은 노동의 수요를 자극할 테고, 따라서 출산율을 자극하게 될 것이다. 그러나 얼마간의 시간이 지나고 나면 이에 따른 증가는 점점 더 약해

7) 국가독점자본주의학파 대표.

지는 활성-불활성의 관계에 이르게 될 테고, 그 결과 임금의 상승에 이를 것이다. 그러나 임금의 상승은 이익률의 저하를 유발할 것이고, 그 결과 자본축적을 가속화할 것이며, 그 결과 임금은 하락할 것이고, 그 결과 출산율은 낮아질 것이고, 또 … (윽!) 독자와 마찬가지로 이 과정도 마침내는 녹초가 되는지도 모른다. 레프 트로츠키(Lev Trotskii)의 영향을 입은 에른스트 만델(Ernest Mandel)의 접근은 마르크스주의의 모순, 즉 파멸 선고를 받았으나 끝끝내 파멸되지 않고 버티는 자본주의가 안고 있는 모순에 대한 다른 해결책을 제안한다. 순환의 두 국면은 동일한 성질이 아니다. 그가 보기에도, 마찬가지로 B국면들은 그 고약하기 짝이 없는 이익률의 편향적 하락의 결과다. 이것은 내생적인 과정이다. 반대로 A국면들은 외생적인 충격의 산물일는지 모른다. 만델은 캘리포니아의 금 발견(1848~73년), 제국주의(1893~1914년), 또는 국제 프롤레타리아의 패배(1940~68년)를 A국면에 무질서하게 배열하고 있으니, 왜 외생적이며 이질적인 성질이 아니겠는가. 다소간은 콘드라체프 파동을 뒤쫓아가는 「계급투쟁의 장기 파동」(1871년, 1936년, 1945년, 1968년을 정점으로 하는)이 존재한다고 여기고 있으니만큼 국제 프롤레타리아의 패배 부분이 그에게는 대단히 중요한 것이었다는 데 주목하도록 하자.

스펙트럼과 창

　　마르크스주의자들이 자신들의 완벽한 이론구조 속에서 값진 논증을 왜곡하느라고 탈진해가는 동안, 다른 경제학자들은 사실들을 뒤적여 장기순환을 재발견하고 통계를 이용해 그 순환의 존재를 증명하려 애썼다. 참으로 따분한 일이긴 하지만 더할 나위 없이 초인적인 작업이기도 하다. 그러나 이렇듯 대단한 야심은 현대적인 도구들이 있었기에 가능했다. 그리하여 얼마 전부터는 대순환(le Grand Cycle)을 찾아내기 위해 「스펙트럼 분석」을 이용했다. 왜냐하면 경제발전을 관찰할 때, 수많은 사이클이 서로 빠르게 중첩되어 나타나며, 또한 이들 사이클은 이른바 추세(trends)라는 장기 경향과 함께 중첩되어 나타나는 것이 문제이기 때문이다. 스펙트럼 분석의 이점은, 그것이 모든 순환을 동시에 나타내준다는 것이다. 따라서 장기 순환을 보기 위해 단기의 순환들을 「지워 없앨」(말하자면 「계절변동」을 지워 없애듯이) 필요가 없다. 1980년대에 메츠(Metz)와 게스터(Gerster)가 이것을 시행해 완화된 결과를 보였다. 콘드라체프가 나타나기는 하지만 아무 데서나, 그리고 언제나 나타나는 것은 아니었다. 스펙트럼 분석의 반대자들은 당연하다고 대꾸한다. 왜냐하면 스펙트럼 분석이 장점을 갖고 있기는 하지만 실제로 적용하는 데에는 여러 가지 어려움이 따르기 때문이다.

「정태적인 시리즈」에만 적용할 수 있다고 생각해보라. 다시 말해 양 방향으로 변화가 가능하지만, 둔중한 추세—말하자면 생산이나 인구처럼 불가역적인 장기 움직임—로는 활력을 불어 넣을 수 없는, 가역적이며 정태적인 시리즈에만 적용할 수 있다고 상상해보라. 그런데 이 시리즈를 탈추세화(détrender)하려면 이른바「광택」효과를 내기 위해「필터」를 대야 한다. 우리는 슬루츠키(Slutsky : 러시아 경제학자)의 연구성과가 있은 이래로 이러한 조작이「착시」를 일으킬 수 있다는 것을 알고 있다. 예를 들면, 존재하지 않는 주기를 나타나게 한다거나 A국면을 B국면으로 변환할 수도 있다.

까다로운 방법이다. 그렇지 않은가? 아무려면 무슨 상관인가? 네덜란드의 라이힌더스(Reijnders)는 이런 문제쯤이야 창문을 여는 것으로 극복할 수 있다고 결론지었다.

그의 생각인즉슨, 지금까지는 한정된 크기의「창문」을 통해 역사를 관찰해왔다는 것이다. 그래서 그 창문은 초장기의 움직임, 즉 콘드라체프 순환의 지속보다 상위의 지속을 가진 초(超)장기의 움직임을 담아내지 못했다. 이들 움직임이야말로 반드시 찾아내어 가차 없이 삭제해야 한다. 우리의 위대한 네덜란드인께서는 우선은 250년, 그러고는 690년을 담아내는 정태적인 시리즈를 이용하면서 수백 년을 조감하고 있다. 그렇게 하여 그는 불청객을 발견해냈다. 그 불청객이란 다름 아니라 245년과 376년의 초주기(hypercycles)로서, 이것들은 콘드라체프 주기를 본래의 찬란한 모습으로 파악하지 못하게 방해해 왔다. 찬란한 모습이란 어쩌면 지나치게 대단한 말일는지도 모르겠다. 왜냐하면 라이힌더스 사이클은 50~60년(정준형의 콘드라체프 주기) 지속과 쿠즈네츠 사이클(Kuznets cycle)에 더 가까운 15~25년 지속 사이에서 주저하고 있기 때문이다(쿠즈네츠는 자신이 발견한 움직임이 주기를 형성한다고 결코 생각하지 않았기 때문에 일반적으로 쿠즈네츠 파동은 배제된다). 라이힌더스는 그 때까지 아무도 콘드라체프를 발견하지 못하고 있던 나라, 두 세기 동안 세계 경제학의 선도자였던 영국에 콘드라체프를 등장시켰다는 사실, 이것만은 분명하다.

그럼에도 불구하고 전쟁은?

순환이론에는 언제나 목엣가시와 같은 문제가 있을 수밖에 없다는 점을 결국 이해하게 될 것이다. 역사와 보조를 맞추어갈 경우 해결하기 가장 어려운 문제는 전쟁이다. 전쟁은 역사 가운데에서도 아마 가장 다루기 어려운 순간일 것이다. 왜냐하면 전쟁이 더할 나위 없이 인간적이기 때문이다. 전쟁을 능란하게 다루기 위해서는 최소한 강력한 사고(思考)가 필요하다. 전쟁이 나인핀스(역주 ninepins : 9개의 핀을 세워놓고 일정한 거리에서 공을 굴려 쓰러뜨리는 놀이)에서 미친 개와 같이 불쾌한 역을 맡는 만큼 더욱 그러한 사고가 필요하다. 전쟁은 때론 평온한 콘드라체프 장기파동을 흐트려뜨려 지워버리기도 하고, 때로는 물가변동을 매개로 해서 그 파동을 직접 만들어내는 주체가 되는 것 같기도 하다. 우리의 전문가들이 관측한 바에 따르면, 전쟁이 끝난 뒤에는 물가하락 시기가 시작된다고 한다. 흥미로운 이야기 아닌가? 전쟁이 시작될 때, 전쟁이 물가상승의 원인—이것이 훨씬 그럴 듯한데—이 아니라면 그럴는지도…

우리의 경제순환론자들이 이 난관을 어떻게 타개하는지 보도록 하자.

순환에 대한 초기의 연구에서 가장 주목을 끄는 생각이라면, 전쟁이 장기순환의 A 국면의 결과라고 믿도록 만들고자 하는 것이다. 만약 그렇다면 전쟁은 과잉의 산물이 될 것이다. 이것이 완트럽(Wantrup)이나 한센(Hansen)이 주장하는 바다. 전쟁을 일으킬 재력이 있기 때문에 전쟁을 벌인다는 것이다. 제2차 세계대전은 이 도식을 무효화시키는 것 같다. H. 칸(H. Kahn)에 따르면, 그것은 당연한 일이다. 『그 전쟁은 훨씬 나중에 일어났어야 했으니까!』 제2차 세계대전 후에 이어지는 성장기가 전쟁의 결과가 아닌 한 옳을는지도 모른다. 만약 그렇지 않다면, 제2차 세계대전은 여전히 너무 일찍 벌어진 셈일 테니 말이다! 우리의 연구자들을 사로

잡는 또 다른 문제가 있다. 1945년 이후에 물가가 하락하지 않은 것은 어찌된 일인가? 이것은 분명히 기본 도식과 일치하지 않는 현상이다. 「전쟁은 1945년에 끝난 것이 아니며 계속되었다. 다만, 더 낮은 온도에서였다고 연구자들이 생각했던 것은 아닐까?」라고 여러분들이 생각한다면, 그것은 1980~90년대의 디스인플레이션을 효율적인 통화주의 정책의 산물이 아닌 다른 무엇으로 착각하도록 그들을 부추기는 일이 될 것이다. 그러나 그 당시 냉전은 이미 종식되지 않았던가? 베트남이라구? 그 나라에는 제2차 세계대전 동안 유럽 전체에 투입된 양보다 더 많은 양의 폭탄이 투하되었다는 사실을 잊었는가? 미국인들이 매일 40만 t의 물자를 파괴했다는 사실을 잊었단 말인가? 베트남 전쟁은 두 번 중지되었다. 1973년과 1975년. 우연히도 이 두 해는 공황이 발발한 해이기도 하다.

순환은 잠재현실이다(그리고 실업은 언제나 자발적이다)

장기순환은 존재하는가, 아니면 존재하지 않는가? 모든 사람들이 동의할 만한 답변이 하나 있기는 하다. 그런데 그 순환이 만약 잠재현실이라면? 이런 결정적인 생각을 제기한 사람이 A. 틸레코트(A. Tylecote)[8]다.

장기순환의 동인은 혁신[틸레코트는 이것을 혁신적으로 「기술양식(styles technologiques)」이라고 부른다]이다. 그러나 기술양식이 자동적으로 파동으로 전환되지는 않는다. 이것은 사회경제학적이며, 특히 인구통계학적인 성질의 피드백(회귀효과)을 일으킨다. 피드백은 친순환적(pro-cyclique)일 수도 있고 반순환적(contra-cyclique)일 수도 있다. 피드백이 친순환적이면 순환이 존재하게 되고, 반순환적이면 순환은 비록 존재하나 인지되지 않고 지날 수 있다. 존재하지만 보이지 않는 것이다. 보이지 않지만 존재한다. 오이 뒤에는 숨겨진 순환이 있다.

이쯤 되면 독자는 이렇게 생각할 수도 있을 것이다. 경제학자들이란 정말 대단히 뛰어난 사람들이며 틸레코트 이후에는 순환이론이 더 이상 발전하기 어려울지도 모르겠다고 말이다. 그렇다면 독자께서는 잘못 생각했다. 마지막 것으로 최근의 이론물이 하나 더 있는데, 이것은 가히 혁명적인 접근방법이다.

흔히 「실물순환이론[théorie des cycles réels : 경제학 초심자들에게는 TCR 또는 실물경제순환(real business cycles : RBC)으로 알려져 있는]」이라고 불리는 이 접근방법은 이른바 「합리적 기대학파」의 창시자이며, 또는 (용어의 사용에 두려움이 없다면) 「새고

8) A. Tylecote, 《세계경제의 장기파동(The Long Wave in the World Economy)》, 1993.

전학파」의 창시자이며, 1995년 노벨상을 수상한 로버트 루카스(Robert Lucas)의 제자인 자유주의 미국인들 두뇌에서 나온 것이다. 롱(Long)과 플로서(Plosser)가 수정해 완성한, 복잡하기 그지없는 이 접근방법은 「균형순환」이라고도 불리는데 그 이유는 곧 알게 될 것이다. 이 이론은 신고전학적 양식(경제행위 주체는 완벽히 합리적이며 재화는 완전대체가 가능하고 화폐는 중립적이다)을 따르는 가장 엄격한 기본 가정과 「카오스의 경제학(économie du chaos : 나비효과, 외부의 유인자와 차원분열도형)」이라고 일컬어지는 최근의 연구성과들을 뒤섞어놓고 있다. 사소한 것에 구애받지 말고 결과에 주목하자. 참으로 경천동지할 그 결과는 이렇다. 경제순환이란 기능장애와는 전혀 무관하다. 오히려 이와 반대로 그것은 경제의 최적 기능의 산물이다. 따라서 국가가 순환을 방해하려 드는 것은 쓸데없는 짓일 뿐만 아니라 위험하다. 루카스는 복잡다단한 계산과정을 통해, 전후에 경기순환을 억눌렀더라면 소비 증가는 0.1%(!)에 그쳤을 것임을 증명했다. 제1차 세계대전 전에 그랬다면(1929년에 공황이 있었으므로) 1%(!!)의 증가에 그쳤을 것이다. 만약 장래에 1%의 성장을 증가시키고자 한다면 17%의 소비를 포기해야만 하리라(!!!).

그러나 가장 놀라운 결과는 실업의 분석과 관련된 것이다. 여러분도 생각해보라. 실업이 경기순환에 전혀 영향을 받지 않는단다. 실업은 전적으로 자발적이다. 실업은 노동과 여가의 조정의 산물이다. 만일 어떤 실업자가 일하지 않는다면, 그것은 그에게 여가에 대한 선호가 있기 때문이란다.

이런 식의 분석이 일으킨 반작용에 화들짝 놀란 루카스는 이렇게 말한다. 『공황시기의 샐러리맨들이 여가를 즐긴다고 말해야 함에도 불구하고 침묵하는 것은 쏟아지는 비판에 대한 반박이 아니라, 오히려 실업의 「비자발적인」 성격을 강조하는 케인스의 힘을 더욱 증명할 뿐이라고 생각하는 경향이 내게 있는 것은 사실이다. 사람들이 불황을 좋아한다고 말하고 싶어하는 사람은 아무도 없다. 물론 균형노동 시장가설에 이런 유의 암시는 전혀 없다. 균형소득 시장에서도 굶주리는 사람들의 존재가 관찰된다고 해서, 그것이 사람들이 배곯기를 좋아한다고 시사하는 바도 아니다.』[9]

이에 대한 판단은 피하도록 하자. 냉정함을 상실할까 두렵다. 대신 우리는 이 책임을 피에르 알랭 뮈에(Pierre-Alain Muet)에게 맡기도록 하자. 폴리테크닉의 유능한 교수이자 최근에는 정부 고위직에 재임용된 그는 이렇게 말하고 있다. 『경기순환 중의 고용변동은 완전히 자발적이며, 어떤 사람들이 실업자들의 불행이라 여기는 것이, 사실은 실업자들의 여가에 대한 선호를 반영하는 데 불과하다는 것을 설명하기 위해 경제학자들이 그토록 많은 시간을 회

9) Gilbert Abraham-Frois 인용, in 《경기변동, 현대적 분석(Les Fluctuations économiques. Analyses contemporaines)》, Economica, 1995.

생해 고도로 정교한 모형을 구축한다는 사실에 독자
는 놀라움을 금치 못하리라. … 실물경기순환모형을
구축하는 이들은 경기변동에 대한 설문조사에 주목
해야 할 것이고, 아니면 최소한 신문이라도 읽어야
할 것이다. … 방법론적인 주장 이외에도 … 실물
경기순환에 대한 그들의 글은 논문이 아니라, 차라
리 허황된 소설에 가까우며, 그것조차도 종종 완전
한 사기에 가깝다.』[10]

　우리는 이 분석에서 첨삭하고 싶은 것이 전혀 없
다. 만일 있다면, 「종종」이 사족이라고나 할까.

10) Pierre-Alain
Muet,
《Croissance et
cycles》,
Economica,
1994.

4

더욱 상투적인 일반론

> 정체가 불분명한 사람들이 모인 정체불명의 사회에서는 무기력한 개인들과 일반적 관념, 모호한 견해 사이로 중립적 입장과 객관적 인식의 세계가 떠다닌다.
> — 임마누엘 무니에(Emmanuel Mounier) —

경제학자들은 모두 틀렸는가? 우선 경제학자란 다른 경제학자의 오류를 밝히는 일에는 탁월한 능력을 지니고 있다는 점을 인정하자. 이런 분야에도 역시 어떤 효용성이 있다. 그것은 물론 부차적인 것이긴 해도 현실적인 효용성이다. 하기야 한편의 오류를 다른 편이 밝혀낸다는 것은 위험하기는 해도 재미있는 놀이다. 이 때 늘 따라오는 위험이란 유해한 니힐리즘(nihilisme)에 빠지는 일인데, 이런 니힐리즘이 온갖 좋지 않은 충동에 자양분을 제공한다. 그러므로 스미스, 리카도, 마르크스와 같이 위대한 경제학자들에 대해 교과서나 유행이론이 몇 마디 알려주는 것에 만족하기보다는 잊고 있던 그들의 저술을 다시 읽어보는 편이 더 낫다.

사실 경제학이란 실제로는 유행의 문제다. 이 점은 경제학의 탈선 중에서도 상당히 큰 문제임이 분명하다. 오늘날 확실한 이론이 과거에는 보잘것없었다. 경제학에서의 모든 논의는, 이렇게 명징하지 않은 관념을 갖고 유약하게 반론을 제기할 수 있는 한, 어제의 낡은 관념과 그저께의 낡은 관념 사이에서 벌어지는 팔씨름이 되고 만다. 20세기 경제학 논쟁의 역사는 한 마디로 말해 사상에서의 두 가지 큰 흐름, 즉 자유주의자들과 케인스 학파가 서로 교차하며 빚어낸 것이었다. 시장(市場)기구와 국가의 대결…. 20세기 초에는 자유주의 경제이론이 우세했다. 그러나 이 자유주의는 1929년 대공황의 위기를 겪으며 가차 없이 부인되었다. 세계대전 후에는 케인스 이론이 주도권을 쥐었고 이런 현상은 한동안 지속되었다. 그러나 1970~80년대에 닥친 위기는 케인스주의를 완전히 폐기시켰다. 케인스 이론이 흔들리자, 1930년대에 이미 오류라는 판정을 받고 밀려났던 사고방식이 다시 각광받았다. 오늘날의 경제학 교리들은 예전에 우리 조부들이 낡은 것으로 치부하던 사상들이다. 전부 낡아빠진 관념들이 벌이는 이 대단한 대결이 바로 우리 경제학자들의 첫번째 관심사다. 그렇다면 이 세상에 새로운 것이란 없다는 말인가? 아니, 있다. 사실 오늘날 경제에 대한 성찰은 다소

뚜렷이 구분되는 두 개의 세계로 나뉜다. 하나는 학자들의 영역으로 난해한 이론적 탐구이며, 다른 하나는 저널리스트·정치인·경제 실무담당자들을 위해 사고(思考)의 기성품(旣成品)을 제조해내는 영역이다. 한편에는 고생은 했으나 결과는 별로 신통치 않은 모호한 작품이 있고, 또 다른 한편에는 점점 상투화되고 있는 일반론이 자리잡고 있는 것이다.

다른 모든 분야와 마찬가지로 경제학에서도 일반론이란 어떤 세력관계로부터 나온다. 경제학이 근본적으로 정치적인 것은, 경제학이 만들어내는 일반론 속에서 그렇다는 말이다. 어떤 이론이 명백히 옳다는 주장은, 시간이 지나봐야 진위를 알 수 있는 이상, 어떤 사람들의 이익이 다른 사람들의 이익보다 명백히 더 중시된다는 사실을 입증해줄 뿐이다. 오늘날 지배적인 일반론을 통해 볼 때 명백히 옳은 것, 그것은 바로 가장 나쁜 종류의 자본주의가 승리했다는 사실이다. 이 자본주의는 지난 19세기 말에 기세를 올렸던 자본주의와 근본적으로 동일한 종류로서, 외형 또한 점점 더 그것과 닮아가고 있다. 이 자본주의의 본질, 근본적 성격이란 말할 것도 없이 잔인하다는 점이다. 특히 수단 좋고 자유분방하며 점진적인 방식으로 침투하는 것이라고 할 수 있다.

상투적 일반론이 표현하는 것은 바로 이러한 초자본주의다. 이 과도한 자본주의를 아무리 옹호해봤자, 결국 이것이 가져오는 재앙만 분명하게 드러낼 따름이다.

자본가가 좀더 큰 수익을 낳을 수 있는 더 강력한 레버리지 효과를(다소 불안정한 경기상황에서는 수익을 안정시킬 톱니바퀴 장치겠지만) 끊임없이 찾고 있듯이, 경제학자 역시 언제나 새로운 법칙을 찾고 있다. 이 새로운 법칙이 어떤 현실을, 모든 것이 그러하듯이 그것 역시 결국에는 사라지고 말 하나의 현실을, 마침내 설명하게 될 것이다. 이들 법칙 몇 가지를 간략히 살펴보자. 이들 법칙은 유효성을 상실한 이론으로서 기껏해야 액세사리 가게 같은 곳에서나 진열되어야만 했을 테지만, 최악의 경우에는(즉 실제로는) 여전히 교육과 경제학적 사고의 기초자료로 이용되고 있다. 이런 상황 속에서 사고는 조건반사적인 반응이 되고, 무엇을 이해하려는 의지는 교리에 대한 신봉이 되고 만다.

판로법칙

이 법칙은 장 밥티스트 세가 주창한 것으로서, 그에 따르면 『공급은 스스로 수요를 창출한다』는 것이다. 공황은 근본적으로 있을 수 없음을 증명함으로써 자유주의 경제의 귀중한 방패가 되어주었던 이 법칙은 19세기 전반에 걸쳐 토머스 로버트 맬서스(Thomas Robert Malthus), 장 시스몽디(Jean Sismondi), 마르크스 등 온갖 종류의 공격에도 굳건히

버텨왔으나, 케인스의 《일반이론》으로 인해 헌신짝 취급을 받았다. 이 이론의 기본개념은 단순하다(여기에 이 법칙의 강점이 있다). 즉 구매에 필요한 것(화폐)은 필연적으로 생산물(그리고 판매물)에서 나온다. 따라서 생산물의 총량과 수요의 총량은 균형을 이루어야만 한다. 내가 어떤 경제활동의 유일한 주체이며, 나의 펜이 그 유일한 생산물이라고 가정해보자. 내가 펜을 10프랑에 판다. 이것이 공급이다. 이러한 공급이 그에 상응하는 수요(판로)를 필연적으로 찾게 되는 이유는 무엇인가? 생각해보자. 나는 경제행위의 유일한 주체다. 따라서 유일한 구매자이기도 하다. 내가 이 펜을 사기 위해 얼마나 지불할 수 있는가? 10프랑이다! 어째서 그런가? 이 펜을 팔아서 얻은 돈이 10프랑이기 때문이다. 설득력 있는 설명이다. 그렇지 않은가?

(저축이나 분배라는 요소가 더해짐으로써) 상황이 더 복잡해질 수도 있겠지만, 그래도 이 법칙은 여전히 적용된다. 문제는 인류의 역사를 통해 볼 때, 늘 그런 것은 아니지만, 구매자를 찾지 못한 과도한 공급이나(이 경우 과잉생산과 디플레이션의 위기가 초래된다) 충분한 상품을 찾지 못한 과도한 수요(이 경우에는 물자부족과 인플레이션에 시달리게 된다)가 규칙적으로 확인된다는 사실이다. 그런데도 이런 문제는 아무래도 상관없다. 여전히 세의 법칙은 모든 자유주의적 사고의 암묵적 준거와 흔들림 없는 토대가

되고 있는 것이다.

필립스 곡선 또는 인플레이션 ― 실업의 딜레마

판로의 법칙이 자유주의 경제이론의 지주 역할을 해온 반면, 바로 얼마 전까지만 해도 케인스주의의 기초가 된 것은 인플레이션과 실업 사이에서 생기는 심각한 딜레마였다. 이 딜레마는 곡선 그래프로 표현되는데, 모든 경제정책은 결국 다음과 같은 두 가지 재앙 사이에서 하나를 선택한다는 사실을 이 곡선은 보여주었다. 두 가지 재앙이란 실업이 거의 없는 인플레이션을 감수할지, 아니면 실업을 감수하며 인플레이션을 진정시킬지의 문제다.

지독한 두통거리였던 이 문제는, 그 해답이 정치적임을 은근히 내비치고 있었다. 이 문제는 말하자면 『누가 그 경제정책으로 특별히 더 불행한 결과를 감수하게 될 것인가?』라는 질문을 떠안고 있기 때문이다.

몇몇 행정부, 특히 케인스의 조국인 영국의 내각 정부들은 이 두 가지 해법 사이에서 너무 망설인 나머지, 결국 이 두 가지를 번갈아 채택하는 수밖에 없었다. 그리하여 영국은 스톱 앤 고 정책을 썼고, 이런 정책은 실제로 최저경제성장률을 초래하는 최선의 방법임이 드러났다.

몇십 년 동안 모든 경제학자들은 이 두 가지 재앙

중에서 하나를 택하는 것에 만족해왔지만, 이후에는 이런 식의 선택이 상당한 역효과를 가져온다는 사실을 조금씩 알아차렸다. 사실 어떤 정책을 구상해낸다 하더라도, 정부당국의 조치는 결국 더 심각한 인플레이션과 동시에 더 증가된 실업으로 귀결되고 만다. 동원 가능한 지식으로 볼 때, 이러한 상황은 이론적으로 불가능하다. 그리하여 경제입문서에는 서둘러 「인플레이션-실업이라는 딜레마의 끝」이라는 장(章)이 추가되었고, 경제학 용어사전에는 「스태그플레이션(stagflation)」이라는 새로운 단어가 들어갔다. 스태그플레이션이란 경제활력의 침체로 특징지어지며, 따라서 여기에는 대규모 실업과 심각한 인플레이션이 뒤따른다. 그 때까지 경제전문가들이 알고 있기로는, 경기가 과열되었을 때는 경제를 움직이는 동력이 지나치게 빨리 돌고, 반대로 불황일 때는 움직임이 저하되었다. 그러나 스태그플레이션이 등장한 이후로 이들은 정지해 있으면서 과열시키는 동인이 있음을 알았다. 인플레이션과 실업 사이에는 아무 상관관계도 없다는 역사의 진상을 알리기 위해 프리드먼이 직접 나서야 했으리라. 그에 따르면 이 모든 것은 케인스주의의 탈선에서 비롯된 것일 뿐이다. 어떤 경우에도 실업을 감소시키려고 노력할 필요는 없다. 실제 존재하는 것은 자연실업률, 즉 인플레이션 비가속 실업률(non accelerating inflation rate of unemployment : NAIRU)이다. 그 이상은 아무리 이 재앙에 맞서 싸우려고 해도 인플레이션을 더 부추길 뿐이고, 인플레이션의 심화는 더 큰 실업으로 연결된다. 그러니 정부당국이 무엇을 할 수 있겠는가? 아무것도 없다. 왜 그런가?

다음과 같은 사실에 주목하자. 즉 세계 각국 정부들은 별로 내키지는 않지만, 프리드먼의 충실한 추종자가 되어 다음과 같이 동의했던 것이다. 인플레이션-실업의 딜레마는 이제 사라지고 폐기되었으며, 따라서 오직 인플레이션만 잘 다루면 된다고 말이다.

필립스는 결국 무덤 속의 케인스 이론을 되풀이한 것일까? 진지한 경제학자들의 말에 따르면 그렇다. 어쨌든 미국에서 실업률이 감소하면 뉴욕 증권거래소는 공포에 떨기 시작한다. 무엇 때문에? 인플레이션이 다시 올까 두렵기 때문이다.

직접 가서 확인해보라.

HOS 정리

경제학은 탄생 이래로 늘 특화(spécialisation)의 필요성을 강조해왔다. 일찍이 스미스는 다음과 같이 말했다. 한 국가가 움직이는 방식은 『자신이 가장 잘 만드는 것만을 만들고, 살 때보다 만들 때 더 많은 비용이 들 경우에만 물건을 사는』 한 가족의 가장(家長) 같아야 한다는 것이다. 이것이 「절대우위의 법칙」이다. 한 국가는 다른 국가들보다 더 잘 만

들 수 있는 것만을 만들고, 그 나머지 것을 사야 한
다. 얼마 후 리카도는 이러한 생각에서 더 나아가,
어쨌거나 국가는 특화되어야 한다고 주장했다. 한
국가가 여러 분야에서 생산력이 우위에 있을 경우라
도, 이 국가는 특별히 뛰어난 한 분야를 특화시켜야
한다. 만일 한 국가가 다른 국가들과 비교해 어느
분야에서도 더 나은 생산력을 갖추지 못했을 경우라
면, 이 국가는 열위가 가장 덜한 분야에서 특화해야
한다. 이것이 바로 「비교우위의 법칙」이다. 누구도
신성불가침의 이들 법칙에 이의를 제기하지 않는다.
기껏해야 그에 대한 주석이나 달 뿐이다. HOS 트
리오인 엘리 필리프 헤크셰르(Eli Filip Hecksher)-베
르틸 올린(Bertil Ohlin)-새뮤얼슨이 한 일도 이들
법칙에 대한 부연설명이다. 특화해야 한다는 데는
동의한다. 그러나 어떤 분야에서 특화할 것인가?
그 대답은 「생산요소부존(賦存) 이론」 또는 HOS 정
리에서 찾을 수 있다. 즉 한 국가는 자국이 그 생산
요소를 가장 잘 갖추고 있는 생산품에 주력해야 한
다는 것이다. 인구가 풍부한 국가라면 많은 노동력
을 요구하는 생산품을 특화한다. 자본이 풍부하다면
또 그에 맞는 다른 분야가 있다. 세 사람의 주장에
따르면, 이렇게 해서 『상품의 유동성은 생산요소의
상대적 비유동성을 보완할 것이다.』 그럴 듯한 이론
이다. 그런데 이러한 논리를 따를 때 문제는, 국가
간의 교환이 생산력에 차이가 나는 국가들 사이에서

만 이루어지게 된다는 점이다. 간단히 말해 바나나를 파는 코트디부아르와 순록가죽을 파는 노르웨이 사이에서 교역이 이루어져야 한다는 것이다. 그런데 실제로는 어떤 일이 벌어지고 있는가? 세계 교역의 4분의 3이 서로 닮은 국가들 사이에서, 적어도「생산요소의 부존」이라는 측면에서 봤을 때는 차이가 없는 국가들 사이에서 일어나고 있다. 예를 들어, 프랑스는 기본적으로 자국과 가장 비슷한 유럽국가들, 특히 독일과 이탈리아와 교역하고 있다. 이것은 무엇을 의미하는가? 말할 필요도 없이, 교역은 결국 상품에 달려 있고, 상품의 생산조건이란 여러 요소 중 하나에 불과할 뿐이며, 가장 중요한 요소라고 할 수도 없다(자국 내의, 그리고「고객」인 교역 상대국 내의 수요,「제품의 라이프사이클」과 같은 제반요소에 약간의「생산우위」가 작용한다고 해야 할 것이다). 국가 간 경제력 비교에 몰두하는 사람들에게 이러한 사실을 납득시켜야 하다니!

이와 함께 그들에게 다음과 같은 질문을 던져보라. 어떤 국가들, 특히 일본을 포함한 아시아 국가들은 어째서 국제시세보다 네 배나 더 많은 비용이 드는 농산물품을 고집스럽게 생산하고 있는가? 무엇 때문에 사우디아라비아는 사막에서 끈질기게 밀을 키우고 있는가?(그리하여 세계에서 네 번째 밀생산국이 될 정도로 말이다!)

래퍼의 성공

경제학에서는 흔히 그러하듯이, 곡선 그래프 형태로 등장하는 상투적인 일반론이 있는데, 그 중에서도 가장 고집스러운 것이 바로 래퍼(Laffer) 곡선이다. 조금이라도 양식이 있는 경제학자라면 눈꼽만큼도 신뢰하지 않겠지만, 자칭 법칙이라고 주장하는 이 이론은 여전히 고교졸업반과 대학에서 기본진리로서 알려져 있다. 짚고 넘어가야 할 것은, 이 이론이 레이건 경제정책의 토대였다는 사실이다. 그렇다면 래퍼 곡선이란 무엇인가? 『높은 세율은 세금 총액을 감소시킨다』라는 주장에서 확인할 수 있듯이, 『과도한 조세는 조세수입을 감소시킨다』는 낡은 격언을 마치 후렴처럼 반복한 것 말고는 아무것도 없다. 과세율이 0%라면 국가는 아무것도 징수할 수 없으리라. 반대로 과세율이 100%인 경우에도 역시 국가에는 세입이 없어지게 된다(역주 세율이 100%일 때는 어느 누구도 소득을 얻기 위한 활동을 하지 않을 것이므로). 도대체 현실감이라고는 전혀 없는 이러한 양극단 사이에서 최대의 세입을 올릴 수 있는 「최적」 세율이 자리잡는다. 세수입이 극대인 지점을 중심으로 곡선 왼쪽에서는 세율의 증대가 세입을 증가시키지만, 오른쪽에서는 세율의 증대가 반대로 세입의 감소를 야기한다. 이것은 당연한 이치로 보인다. 그런데 실제 결과는 그렇지 않다. 국가가 너무 많은 세금을 거둬들였을뿐더러 조세압력을 지나치게 늘렸다고 판단되면, 국가가 세금을 낮출 경우 국가의 세수입은 늘어난다는 기적의 해법이 분명한 효력을 발휘해야만 한다. 그런데 실제로 이러한 법칙은 어떤 결과를 가져왔는가? 우선 미국의 경우 레이건은 이 법칙을 철석같이 믿었다. 세금은 실질적으로 더 적게 부과되었다. 그 결과는? 나타난 결과는 흥미롭게도 국가예산의 적자였으며, 그것도 감당할 수 없을 만큼의 엄청난 규모였다. 공적인 부문에서 그런 적자가 난 적은 미국 역사상 한번도 없었다. 1980년 720억 달러였던 적자는 1985년 2,120억 달러가 되었고, 1992년에는 3,400억 달러에 달했다. 그것도 미국정부가 공공지출을 대폭 축소시켰음에도 불구하고 그런 결과가 나온 것이다. 공공지출의 억제는 가뜩이나 빈약한 이 나라의 사회보장제도를 와해시켰으며, 교육의 침체를 불러왔다. 이렇듯 가장 자유주의적 견해를 지닌 대통령들이〔레이건의 뒤를 이어 조지 부시(George Bush) 역시 같은 정책기조를 유지했다〕 자신들도 모르는 사이에 케인스식 정책을 실천했다는 것은 정말이지 역설적인 일이다.

프랑스에서도 조세를 삭감하고 국가의 규제를 풀었던 정부수반이 예전에 한 명 있었다. 그 결과야 모두가 아는 대로다. 마스트리히트(Masstricht) 조약〔역주〕 유럽의 정치통합과 경제 및 통화 통합을 위한 유럽통합조약. EC가 시장 통합을 넘어서 정치·경제적 통합체로 진전하기 위한 기반이 됨.)의 요구조건을 충족시켜야 한다는 압박을 받은 알랭 쥐페(Alain Juppé)는, 래퍼가 권장하는 방식과는 반대로, 적자를 감소시키는 최상의 수단은 역시 지출을 줄이고 조세수입을 늘리는 것이라고 생각했다. 그리하여 알랭의 총리 취임과 함께 프랑스는 47% 이상의, 역사상 가장 높은 의무공제세율을 감수해야 했다. 〈르몽드〉지의 역설적 평가처럼, 『래퍼는 꿈꾸었으나 쥐페는 해낸 것이다.』

빈민구제는 불가능하다

조지 길더(George Gilder)를 아는가? 그의 중요한 저서 《부와 빈곤》[1]은 레이건 대통령의 애독서였던 것으로 알려져 있다.

이 책은 케케묵은 자기네 조부 대의 편견을 1980년대에 되살려낸 자유주의자들 모두에게는 성경과도 같은 것임에 틀림없다. 그 편견이란 두 번의 혁명과 두 번의 세계대전을 거치면서도 해소하기 어려웠던 것이다. 이런 편견은 건방지다거나 불평불만분자라거나 아둔한 사람으로 비칠까봐 공개적으로 드러내 놓기를 꺼리는 것이다. 그러나 길더는 이런 편견으로 경제적·정치적 혁신을 몰고 오는데, 이는 「보수적 혁신」이라고 불린다. 이 말 속에는 그에 대한 통

1) George Gilder, 《부와 빈곤(Richesse et pauvreté)》, Albin Michel, 1981.

찰력이라고는 할 수 없다 해도 아주 경멸적인 의미가 담겨 있다.

길더의 주장은 상투적 일반론으로부터 따온 것인데, 이런 상투적 논의는 분별력을 흐트러뜨리는 데 그치지 않고 현실상황을 만들어내는 데도 강력하게 기여해왔다. 길더의 혁신적인 사상이란 다음과 같다. 즉 빈곤을 악화시킨 주범은 빈곤을 퇴치하려는 정책에 있다는 것이다. 국가가 빈민을 지원함으로써 그들로 하여금 빈곤 속에 안주하게 한다. 그리하여 국가가 빈민층 지원에 주력하면 할수록 빈민의 숫자는 더욱 늘어난다. 이것은 정말 심각한 문제다. 『빈곤이란 수입의 문제라기보다 정신의 문제다. 빈민구제 사업은 그 지원의 수혜자들 대부분을 망친다.』이렇게 주장하는 증거가 과연 있는가? 그것은 미국 흑인층의 상황을 일별하는 것으로 충분히 입증된다. 『흑인의 저소득은 인종주의나 인종차별로밖에는 설명할 수 없다고 지배 이데올로기는 주장하지만, 이러한 주장은 틀렸으며 파렴치한 것이다.』의심스럽지 않은 바는 아니나, 길더가 내세우는 요지는 이렇다. 『자유주의자들이야말로 인종주의적 성향이 가장 약한 자들이다. 그렇기 때문에 정치·경제 지도층과 조금이라도 교분이 있는 사람이라면 누구나 흑인들에게 과도한 책무를 맡기는 것이 얼마나 헛된 일인지를 안다…．』

사실 통계수치를 놓고 보아도 미국 흑인들의 관심

『빈곤의 고통이야말로
빈곤한 자들에게 가장 필요한 것이다.』
－조지 길더－

을 사로잡고 있는 것이 무엇인지 드러난다. 물론 농구는 별개로 쳐야겠지만 말이다. 즉 흑인은 전체인구의 12%에 불과하지만, 실업자의 50%, 수형생활을 하는 죄수의 75%, 사형수의 99%… 등을 차지하고 있다.

어떻게 이런 결과가 나올 수 있을까? 길더의 대답은 간단하다. 『미국 역사상 성공을 거둔 모든 집단은 근면한 노동을 통해 그러한 결과를 얻었다. 그들은 더 많이 일하고 더 적은 보수를 받곤 했다.』그런데 『빈민들이 교육을 받고 학위를 취득하기만 하면, 소득이라고는 없는데다가 힘들기만 한 노동에서 벗어날 수 있을 것이라는 주장이 요즘 대두되고 있다.』그러나 이러한 주장은 터무니없는 환상이다. 『사실 노동이야말로 부의 원천이며, 재능조차 땀으로 얻는 것이다.』

〈포천(Fortune)〉지에 실린 기사 가운데 미국 내 부호 중 75%가 상속을 통해 부자가 되었다는 평가는 큰 오산이다. 사실 『부는 금전의 산물이라기보다 의지의 산물이고, 미국 경제의 가장 귀중한 자본은 신념과 상상력이다.』

그렇다면 가난한 사람들을 위한다면 어떻게 해야 하는가? 아무것도 없다. 가난한 사람이 가난에서 벗어나려면, 가난이 그에게 참을 수 없는 것이 되어야 한다. 『빈곤의 고통이야말로 빈곤한 자들에게 가장 필요한 것이다.』 그 밖에 보여줄 만한 본보기가 없는 이상, 그들에게 줄 수 있는 것이라곤 이렇게 충고하는 것뿐이다. 『노동, 가정, 그리고 신념만이 빈곤을 치유할 수 있는 약이다. 가난한 자들이 사회적인 신분 상승을 이루기 위해서는 우선 상류층보다 더 열심히 일해야만 한다. 가난한 세대들은 그렇게 했었다.』

이 책의 소박한 주장에서 우리는, 우리가 너무나 빨리 잊어버렸던 과거 유명인사들이 남긴 몇몇 명구 또는 귀감을 상기하게 된다. 이런 관점에서 볼 때, 맹이 《평등을 위한 기구(La Machine égalitaire)》에서 지적했듯이, 미래가 어찌 될지는 아직 알 수야 없지만, 미래는 벌써 보수주의 편에 서 있다.

그러나 이것만은 잊지 말자. 『부자가 배고플 때, 가난한 사람은 굶어죽는다.』[2]

화폐에 대한 물신숭배

전세계 국가의 경제정책 담당자들은 모두 레닌주의자가 된 것일까? 그렇게 생각할 수도 있을 것 같다. 언젠가 니콜라이 레닌(Nikolai Lenin)은 『화폐의

2) 은행가이자 레이몽 바르(Raymond Barre)의 자금 담당 고문인 질베르 보(Gilberte Beaux)의 말에서 인용. 〈사슬에 묶인 오리(Le Canard enchaîné)〉, 1985년 5월호 [역주] 통렬한 풍자를 특징으로 하는 프랑스의 신문).

평가절하는 자본주의의 사형판결이다」라는 의미심장한 견해를 표명한 적이 있는데, 이 견해는 케인스에 의해 되풀이되었다. 1970년대 말 이후 모든 사람들의 관심사는 단 한 가지, 즉 고성능 통화로 모아지는 것 같다. 이 강박관념의 출발점은 독일이었다. 현재 이러한 강박관념은 유럽과 전세계에 퍼져 있다. 심리분석에서 유년시절에 입은 정신적 외상을 통해 행동장애를 설명하는 것처럼, 경제학에서도 마찬가지 방식의 설명이 가능하다. 고성능 통화에 대한 편집증은 바이마르 공화국 초기, 더 정확히 말해 1923년으로 거슬러 올라간다. 바로 이 해에, 시장경제가 결코 예상치 못했던 엄청난 기능장애 중 하나가 발생했다. 역사교수들은 늘 이 때의 소동을 즐겨 이야기하는데, 왜냐하면 이 이야기가 강의를 듣는 사람들에게 틀림없이 강력한 인상을 주리라는 사실을 알기 때문이다. 돈을 가득 담은 손수레를 밀고 시장에 가서 겨우 시든 파 몇 단을 사서 돌아온 주부의 이야기는 모두의 기억 속에 오랫동안 남아 있을 것이다. 다음 이야기도 모두들 오랫동안 기억할 것이다. 어떤 미국 기자가 식당에 가서 「1달러어치의 식사」를 주문했더니 도저히 다 먹을 수 없을 만큼 많은 음식이 차려졌다. 후식과 커피, 시가 담배까지 나왔는데, 이번에는 웨이터가 또 다시 앙트레(역주 entrée : 생선과 고기 요리 사이에 나오는 요리) 접시를 들고 온 것이다. 미국 기자가 놀라서 『도대체 어찌된 일입니까?』하고 물었더니, 웨이터가 대답하기를 『달러가 조금 전에 또 올랐거든요』하더라는 것이다.

실제로 1923년 초에 1달러는 60마르크였는데, 12월에는 4조 2,000억 마르크에 달했다. 독일인들이 그 사건 이후로 인플레이션과 화폐의 평가절하에 대해 극심한 공포를 느끼는 이유가 이해된다. 이후로는 모든 국가의 정부가 이러한 공포를 나눠 갖게 되었다. 대경제학자 프리드먼의 저작이 이러한 병적 공포심의 참고서가 되고 있다.

프리드먼 교수의 가르침

여기에 소개하는 경제학자는 그 자신이 하나의 일반론인 사람, 또는 모든 상투적 일반론을 집대성했다고 할 수 있을 만한 사람이다. 그는 1976년 노벨상을 수상했고, 따라서 의심할 여지없이 생존해 있는 경제학자 중 가장 유명한 인물이다. 그에 대한 몇몇 주해자들은 매우 광범위한 그의 이론을 거추장스럽게 여긴 나머지, 두 분야로 잘라서 설명하려 한다. 이 경제사상의 괴수에게 들어 있는 두 개의 영혼을 나누어보려는 것이다〔데니스 클라크(Denis Clerc)가 《경제적 대안(Alternative économique)》(1997. 2)에서 보여준 작업이 이러한 경우다〕. 그 중 한 면은 통화문제에서 반드시 언급해야 할 통화전문가로서의 면모이며, 다른 하나는 가장 엄격하지는 않더라도

열이란 언제 어디서나
온도계 현상의 하나다.

가장 순수한 자유주의 경제이론의 기수로서의 면모
다. 현대 경제학의 기본신조인 통화주의는 그의 두
가지 면모 중 첫번째에 힘입은 것이다. 법인세의 폐
지에서부터 「일반대중 전체에게 해를 끼칠 뿐만 아
니라」(이 점은 이미 알고 있던 사실이다) 「대개의 경
우 노동자들에게도 해가 되는」[3] 노동조합에 대한 비
판에 이르기까지, 독특한 편향성을 보여주는 수많은
견해의 표명에서는 그의 두번째 면모를 엿볼 수 있
다. 분명 이 경제학자의 이러한 두 가지 측면은 분
리될 수 없으며, 한 면을 예찬하느라 다른 면에 대
해 유감스러워하는 것—종종 있는 일이며 특히 프
랑스에서—은 생각할 수도 없는 일이다. 그런데 반
대로 그럴 필요가 있을 때도 있다. 즉 노벨상 수상
자 프리드먼을 평가하기 위해서는 그의 「정치적」이
고 논쟁적인 측면을 조명해보아야 하기 때문이다.
말하자면— 무엇보다도 이 경우가 그러한데— 순전
히 경제학적인 테크닉은 존재하지 않기 때문이다.
오로지 정치경제학만 존재할 뿐이며, 그 나머지는
대학에서나 주고받는 허언(虛言)일 뿐이다.

　프리드먼의 첫번째 면모는 통화주의의 주창자라는
것이다. 이 분야에 대한 그의 저서는 1979년 칠레

3) Milton
　Friedman,
　《자본주의와
　자유(Capitalisme
　et liberté)》,
　Laffont, 1971.

에서 피노체트(Pinochet)가 집권한 이래로 전세계 모든 지도자들의 영감의 원천이었다. 프리드먼의 주장은 무엇인가? 간단히 말해 모든 경제적 재앙에는 공통의 원인, 즉 인플레이션이 있다는 것이다. 그리고 인플레이션의 근본적 원인은 총통화를 과도하게 늘린 탓이다. 이상을 프리드먼은 불후의 문장—한 세대의 학생 전체를 진정 고문했던—으로 요약하고 있다. 『인플레이션은 언제 어디에서나 하나의 통화 현상이다.』 이것이 의미하는 바는 이렇게 옮길 수도 있을 것이다(우리에겐 쉬운 표현이 더 나으므로). 즉 열이란 언제 어디에서나 온도계의 한 현상이다.

이 이론의 토대가 되는 것은 총통화량의 변동에 따라 생산이 결정되는 메커니즘이다. 충분한 양의 화폐가 순환되지 않으면 경제는 「숨쉴 공기가 부족해」 질식하게 된다. 이것이 경기후퇴다. 통화량이 지나치게 많으면 경제라는 기계는 과열된다. 이것이 인플레이션으로서, 말 그대로 모든 경제 메커니즘에 이상을 일으키는 것이다.

몇몇 경제학자는 프리드먼의 설명에 어리둥절해한다. 예를 들어, 니콜라스 칼도어(Nicholas Kaldor)는 이렇게 말하고 있다. 『1950년대 초, 프리드먼이 얻은 경험적 결과에 대해 내가 처음 들었을 때, 나는 이 이야기에 상당한 의심을 품었다. 그런데 어느 순간 나는 갑자기 깨달았다. 그가 얻은 결과가 거꾸로 읽혀야 했다는 사실을 말이다. 인과관계가 성립되는 방향은 Y(생산)로부터 M(총통화)으로 영향을 미치는 것이지, M에서 Y로 향하는 것이 아니었다.』[4] 그래서? 비가 오기 때문에 우산을 파는 것이지, 우산을 팔기 때문에 그 자리에 비가 오는가? 우리로서는 이 대경제학자들 간의 논쟁을 감히 일도양단할 재간이 없다. 다만, 이런 사실만을 간단히 지적하자. 만약 칼도어가 옳다면, 그것은 15년 전부터 경제담당자들이 물구나무서서 걸어다녔다는 뜻이 된다. 15년 전부터 날씨를 다시 화창하게 하려고 파라솔을 만들었다는 말이다. 역사가 밝혀줄 일이다.

역사가 이미 밝혀놓은 다른 분야가 있는데, 그로 인해 프리드먼의 사상은 큰 책임을 짊어지게 되었다. 국제 통화교환에서 프리드먼은 언제나 변동환율제를 지지했다. 다른 모든 분야에서 그렇듯이 이 분야에서도, 시장은 시장 자체의 법칙을 내세워야 한다. 두 국가 간 고정환율제가 비록 영광스런 1930년의 토대가 되긴 했으나, 폐지되어야 한다. 1944년 케인스가 주창한, 국제무역을 위한 기축통화〔방코르(bancor)〕를 제정하자는 생각은 위험하기 짝이 없는 발상이다. 그렇다면 유로(euro)화는 어떤가? 역시 『좋지 않은 생각이다.』신축적 환율이라는 발상과 이 발상이 함축하는 통화관리의 용이성은 1971년부터 브레턴우즈(Bretton Woods) 통화제도를 포기하게 만들었다. 프리드먼은 자신의 착실한 학생들에게 두 손 모아 박수를 보냈다. 우리는 그 결과를 알고 있

4) Nicholas Kaldor, 《통화주의의 재앙(Le Fléau du monétarisme)》, Economica, 1985.

다. 통화는 안정을 찾지 못하고 떠돌았고 무질서가
일반화되었다. 과도한 투기가 횡행했고, 투기를 통
해 협잡꾼들은 수많은 사람들의 노동을 담보로(한
나라의 화폐가 평가절하되면 그 나라가 생산한 것 모
두가 그만큼 가치가 떨어진다) 엄청난 부를 쌓았다.
미국의 유명한 투기꾼 소로스는 아주 솔직하게 인정
했다. 『나와 같은 사람들이 어떤 정부를 무너뜨릴
수 있다면, 그 체제에 무언가 고장난 데가 있기 때
문이다.』[5] 이러한 혼란 속에서 주도권을 잡는 법칙
은 늘 그렇듯이 강자의 법칙이다. 그렇게 해서 달러
는 몇 년 사이에 4프랑에서 10프랑이 됐다. 미테랑
이, 달러가 지나치게 절상되어 있다는 점을 지적하
자, 레이건은 이렇게 대답했다. 『달러가 강세라기보
다는 다른 통화들이 약세라고 보아야 한다. 달러가
강세인 까닭은 우리 미국이 강력하기 때문이다.』브
레누스(역주 Brennus : 갈리아의 세논인 장군으로 B. C.
390년 알리아에서 로마군을 격파함) 장군이라도 그렇
게까지는 말하지 않았을 것이다. 패배자들에게 재앙
이 있을지어다.

미국은 강력하다. 1971년 이래로 이 나라의 대외
교역이 언제나 큰 적자를 면치 못해왔음에도 불구하
고 말이다. 만일 이것이 다른 나라였다면, 이 나라
화폐는 폭락했을 것이고, 이 나라는 오래 전에 파산
했을 것이다. 미국은 세계가 앞다투어 탐을 내는,
따라서 고성능인 달러를 전세계에 마구 풀어놓음으

5) George Soros,
《돈의 도전(Le
Défi de
l'argent)》,
Plon, 1996.

로써 자국의 적자(대외적자와 예산적자)를 메웠다.
미국은 이 고성능 달러로 전세계의 생산물을 낮은
가격에 무제한 사들였다. 이처럼 뒤집힌 마셜플랜이
우리 유럽에 도움이 되는 이상, 그 누구도 여기에
항의하지 않았다. (그렇지 않다면 누구에게 우리의 생
산물을 판단 말인가?) 시장은 원활하게 기능하고 있
으니 참으로 잘 된 일입니다, 프리드먼 씨.

그러는 동안 유럽인들은 고성능 유로화를 탄생시
키기 위해 허리띠를 졸라맸다. 그러나 강력한 유로
화를 가지려면 아마도 1950년대에 실패했던 유럽방
위공동체(역주 European Defense Community : EDC,
프랑스 · 이탈리아 · 독일 · 벨기에 · 네덜란드 · 룩셈부르
크 등 6개국 사이에 결성된 공동 방위기구) 계획이 창
설되었을 때부터 일을 시작했어야만 했다. 사실 통
화란 권력의 유동적 형태다. 사람 사이의 거래에서
그렇듯이, 국가 간의 무역에서도 화폐가 대체하는
것은 겉으로 드러나는 난폭함이지 폭력 자체가 아니
다. 계속해서 논쟁가로서 프리드먼의 모습을 들여다
보자.

《프랑스인의 삶》[6]에는 이런 질문이 있었다. 『프
랑스에 이런 경제학자가 있다고 상상이 되는가? 사
회보장제도를 비난하고, 소득과 법인에 대한 누진과
세 폐지를 요구하고, 우편업무를 민간부문에 넘기자
고 주장하며, 최저임금제도를 제정된 법률 중에서
가장 반사회적인 것으로 여기고, 의료행위는 의무적

6) Lantner의 앞의
책에서.

인 학위 취득 여부와 관계없이 아무에게나 허용되어
야 한다고 생각하며 … 저개발국가에 대한 원조를
쓸모없고 불공정한 자본이전체계라고 몰아붙이고,
고리대금방지법에 반대하듯이 마약류 판매금지에도
항의하는 그런 경제학자 말이다.』과거에는 이런 사
람을 상상하기란 쉽지 않았지만, 이제는 서서히, 분
명히 모습을 드러내기 시작한다. 그러나 그 정도는
위대하신 노벨상 수상자의 천재적인 생각 중 일부
에 불과하다. 그에게는 이런 것 말고도 다른 것도
많다. 그의 배낭은 꽉 차 있다. 우선 가장 상징적
인 것부터 살펴보자. 새로운 국경일의 창설. 「개인
의 독립」기념일[7]이 그것인데, 이 날을 경계로 일반
납세자는 국가와 공동체를 위한 일을 끝내고 마침
내 자기 자신과 가족들을 위해 일하게 되는 것이다
(|역주| 이 날까지 일한 소득은 모두 세금으로 내야 하
고, 이후의 소득이 개인의 주머니로 들어간다는 의
미). 푸자드(|역주| Poujade : 프랑스의 서적문구상인으
로 1953년 중소상공업자의 정치적 불만을 등에 업고
반의회주의적 극우운동을 일으킴. 이 운동은 상공업자
방어동맹 결성으로 이어져 1956년의 선거에서 승리해
의회에 진출하기도 했으나, 근본적으로 권위적 급진주
의였다는 점에서 파시즘과 유사한 면을 보여주었다)조
차 이런 발상은 못 했을 것이다.

　그의 경제학이론 중 가장 야심찬 것은 단연 1962
년 발표한 「네거티브 소득세」라는 개념이다. 이 이

7) 〈뉴스위크
(Newsweek)〉,
　1974년 8월 5일.

론은 1968년 미국 경제학자 1,200명 이상의 지지를 얻어냈고, 1977년에는 OECD에서 연구대상으로 채택되었다. 개인이 세금을 내기 시작하는 소득수준(break-even point : 채산점)이 8만 프랑이라고 가정해보자. 프리드먼의 이론은 세금이 부가되는 최저소득과 실제로 받은 소득 간 차액의 일정 비율을 국가가 직접 지불해주자는 것이다. 그 비율이 50%라고 가정한다면, 4만 프랑의 소득을 올리는 사람들은 2만 프랑을 국가로부터 직접 지불받게 된다. 소득이 전혀 없는 사람들에게는 세금이 부가되는 최저소득의 절반에 해당하는 「최저보장소득」이 지급될 것이며, 이 경우 그 금액은 4만 프랑이다. 물론 이런 네거티브 소득세로 국가가 시행하는 원조나 구제 역할 전체를 대체할 수도 있다. 그럴 경우 두 가지 이익을 얻을 수 있을 것이다. 우선 공적인 행정업무를 시행하는 데 드는 막대한 비용을 없앨 수 있다. 다음으로 이 원조금을 어디에 사용할지 결정해야 하는 개인들에게 「책임감」을 고취시킬 수 있다. 빈민이라도 배불리 먹는 것과 자식을 사립학교에 보내는 것 사이에서 반드시 더 나은 선택을 할 수 있음을 의심하지 말자.

다른 나라들은 지옥이자 천국이다

정치가 그렇듯이 경제에서도, 무능함과 그런 무능

함이 동반하는 보잘것없는 성과는 종종 자신이 희생양이 되었다는 반응으로 이어진다.

그렇게 해서 자신이 겪는 어려움을 타인의 탓으로 돌리는 것인데, 이런 면에서 프랑스인들이 특히 높은 성향(적어도 15%에 달하는)을 보여준다. 그에 비해 다른 나라들, 예를 들어 영국이나 미국은 이런 성향이 별로 두드러지지 않다. 이탈리아 같은 나라에서는 동일한 희생양 반응을 보이더라도, 고난의 책임이 전가되는 방향은 타인이 아니라 역으로 자기 자신이 된다.

20년 전부터 우리 프랑스의 경제학자들이 하는 이야기는 무엇인가? 그들의 주장을 들어보자. 그들에 따르면, 우리가 겪고 있는 위기는 세계의 위기이며, 따라서 프랑스가 겪는 어려움은(어떤 국가라도 마찬가지겠지만) 전적으로 다른 국가들이 꾸미는 책략 때문이다. 이러한 책략은 가장 다행인 경우 남이 잘되는 데 대한 시샘 정도이지만, 최악의 경우에는 음모로까지 설명될 수 있다. 위기와는 전혀 무관했던 처음 상황에 비추어볼 때, 우리 프랑스가 이렇게 된 데에는 다른 이유가 있을까? 이 위기의 시작은 1973년 10월에 일어난 오일 쇼크라고 할 수 있을 것이다. 이것은 1929년의 위기가 월 스트리트의 대폭락으로 인해 시작된 것과 흡사하다(이 경우도 10월이니, 10월은 분명 재수없는 달이다). 일반적인 경제학 선생에게서 배운 보통 학생의 머리 속에는 이와 같은 생각이 단단히 박혀 있다. 그들 한 사람 한 사람에게 오일 쇼크는 변명에 불과하다고 아무리 일러 줘봤자 소용없다. 이러한 생각이 절대적인 것이다. 그리하여 에미어(역주 emir : 이슬람 국가의 수장, 여기에서는 적대적 세력의 대표자라는 의미)가 등장해 오랫동안 악의 화신이 된다. 이 달갑지 않은 역할은 「개미처럼 일하는」 일본 사람들이 물려받았고, 일본이 경제적 어려움을 겪게 되자 이번에는 아시아의 신흥공업국가들이 에미어가 되었다. 그리고 세계화의 추세와 더불어 이제는 전세계가 적이 된 것이다.

악몽 같은 아메리칸 드림

타인들이라고 늘 위협적이거나 위험한 것은 아니다. 또한 그들은 종종 따라야 할 본보기 역할을 한다. 실제든 가상이든 간에, 그들의 성공은 우리의 허약함과 무능을 일깨우는 데 도움이 된다. 독일은 정확성, 신중함, 그리고 사회적 대화라는 미덕을 보여주며 오랫동안 서구세계의 모범생이 되어왔다. 그러나 이 독일 모델은 얼마 전부터 빛을 잃었다.

높은 임금, 사회적 연대조직, 협의체제는 오늘날 환영받는 가치가 아니다. 이러한 것이 어떤 결과를 낳는지 보라. 독일은 마스트리히트 조약이 정한 기준조차 충족시키지 못하고 있다!

진짜 표본은 미국이다. 통계수치가 그것을 입증한다. 미국은 놀라운 경제성장, 낮은 실업률, 인플레이션의 억제를 실현했다. 물론 최고 기록을 거듭 갱신하는 주식시장을 빼놓을 수 없다. 이러한 성공의 비결은 무엇인가? 그것은 바로 자유주의와 정보과학의 눈부신 결합이다.

한편으로는 직접적인 국가 개입을 삼가하고, 자유를 힘껏 확보해준다. 다른 한편으로는 기업들이 새로운 기술에 투자해 혁신을 거듭한다. 정보고속도로, 인터넷은 수없이 계속되는 이러한 산업혁명을 돕는 철도이자 고속도로다[〈엑스팡시옹(L'Ex-pansion)〉 547호에 따르면 이것이 정확히는 다섯번째 산업혁명이라고 한다].

성공은 전 영역에 걸친 것이었지만, 특히 홍보 분야에서 두드러졌다. 레이건 정부 이래로 미국인들은 지속적인 자기예찬운동을 벌여왔다. 그리하여 지난 10여 년 간(1970년대)의 좌절·후퇴·회의로 손상된 위신을 회복하려는 목적만으로 전쟁(걸프전쟁)을 벌이기까지 했다. 이 전쟁은, 미국인들이 거둔 가장 큰 성공이다. 운도 따라 공산주의가 때맞추어 몰락하고 말았다. 부시 대통령이 『냉전은 끝났고, 우리는 승리를 거두었다』라고 선언했을 때, 그것은 터무니없는 착각이라고 용기 있게 지적하는 사람은 아무도 없었다. 냉전은 맞싸울 상대가 없어서 끝난 것이다. 미국이 승리한 것은 이제 더 이상 꺾을 적이 없기 때문이다. 그러나 미국은 자신의 무기에 평화라는 녹이 슬기도 전에, 이제부터는 자신의 가장 무서운 적이 자기 자신이라는 사실을 깨닫게 될 것이다.

미국이 이 새로운 헤게모니를 차지하기 위해 어떤 대가를 치렀는가 하는 문제를 그냥 덮어둘 수는 없었다. 그러나 그런 희생에 대해 결코 충분히 드러내 놓고 이야기하지도 않았다. 기껏해야 그런 희생들은 성공을 위해 지불해야 할 불가피한 비용 정도로, 미국인의 「용기」에 대한 보충증거물 정도로 제시될 뿐이었다. 미국 모델이 우리에게 주는 첫번째 교훈은 무엇이든 쉽게 할 수 있는 시대는 지나갔다는 것이 아닐까?

몇 가지 사실을 살펴보자.

미국의 영광을 내세우는 중요한 명분은 실업률이 5~6%에 머물고 있는 고용상황으로서, 이 수치는 프리드먼이 「자연」 실업률이라고 규정한 것이다.

이런 놀라운 수치 뒤에 숨어 있는 진실은 무엇인가? 우선 수백만의 근로 빈민들(working poors), 말하자면 열심히 일하면서도 빈곤에서 벗어나지 못하는 사람들의 존재다. 이들이 일하면서 얻는 소득은 우리 프랑스 실업자들의 소득보다 더 낮다. 그것도 더욱더 많이 일하면서 그런 것이다. 즉 주디스 쇼어(Judith Schor)가 조사한 바에 따르면[8] 미국인들은 독일인들보다 8주 더 일하며, 1960년의 미국인들과 비교해보아도 한 달 더 많이 일하고 있다. 그것으로 끝난 것이 아니다. 82%에 달하는 사람들이 지금보다 더 많이 일하겠단다. 왜 그럴까? 일하기를 좋아

8) Judith Schor, 《과도한 노동에 시달리는 미국인 : 예기치 못한 여가의 상실 (The Overworked American : The Unespected Decline of Leisure)》, N.Y., Basic, 1992.

15세의 미국인 4명 중 1명은
글을 읽지도 쓰지도 못한다.

해서 그런 것은 분명 아니다. 그들의 수입이 줄었기 때문이다. 1974년에는 평균임금의 넉 달치에 해당하던 중저가 자동차 가격이 1990년대에는 아홉 달치에 달했다. 평균 구매력은 1952년 수준으로 떨어졌다.

가장 많이 늘어난 일자리는 낮은 자격요건에, 임시직이고, 급여가 적은 것밖에 없다. 이것은 최근 「하이테크놀로지」 덕분에 몇몇 일자리가 생겨났음에도 불구하고 그렇다. 다음 사항은 특히 의미 있는 상징적 사실이 될 것이다. 즉 예전에 미국의 최대 고용주는 80만 명의 고용자를 거느린 제너럴 모터스(General Motors : GM)였지만, 오늘날에는 GM과 IBM을 제치고 맨파워(Manpower)사가 가장 큰 고용주로 등장한 것이다.

다른 현상 하나가 고용시장과 일반적인 미국 사회의 상황을 의미심장하게 보여주고 있다. 20년 사이에 미국 감옥의 재소자 숫자는 세 배로 늘어났다. 미국은 『이제 지구상에서 가장 높은 투옥률을 보여준다.』[9] 근로연령층 인구의 2% 이상이 감옥에 갇혀 있는 셈이다. 또한 이제껏 그처럼 많은 사형이 집행된 적도 없었다.

자신의 문제를 해결하는 데 감옥 이외에는 다른

9) 〈Le Monde〉, 1997년 1월 22일자.

방법이 없는 사회가 건강한 사회일 수는 없다. 이 사회의 미래는 그다지 밝아보이지 않는다. 학교교육은 총체적인 파탄상태에 있다. 15세의 미국인 네 명 중 한 명은 글을 읽지도 쓰지도 못한다. 미국은 교육수준으로 볼 때 터키보다도 낮은 5위 국가군에 머물러 있다. 특히 서구사회에서 가장 높은 영아사망률에서 보듯이 보건행정도 부실하다.

이상에서 살펴본 것은 평균값에 불과하다. 그런데 미국은 두드러지게 극심한 불평등을 자신들의 삶의 방식으로 삼아온 나라다. 언제나 변함없이 버림받은 사람들 가운데는 흑인이 있다.

마지막으로 지적할 점은, 바로 위에서 살펴본 사실로부터 또 다른 측면의 고찰을 하게 된다는 것이다. 『할렘가에서 태어난 아이는 오늘날 방글라데시에서 태어난 아이에게 주어진 삶보다 더 열악한 삶을 살 가능성이 짙다. 이 아이가 5세 이전에 학교에 들어갈 확률은 상하이(上海)의 유아보다도 낮다. 미국의 흑인 젊은이들은 자신들이 평균적으로 대학에서보다는 감옥에서 더 많은 시간을 보내게 되리라는 사실을 채 겪기도 전에 이미 알고 있다.』[10]

그러나 이 모든 사항을 너무 심각하게 받아들일 필요는 없다. 조지프 스티글리츠(Joseph Stieglitz)에 따르면, 미국 경제는 「바람직한 상태이며, 지난 30년 이래로 최고의 활황」을 누리고 있는 것이다.[11]

10) 〈Le Monde〉, 1997년 2월 6일자.

11) 〈Le Monde〉, 1997년 2월 6일자.

쥐며느리들의 변신(또는 맬서스의 재발견)

가장 완강한 이 상투적 일반론 하나가 본격적으로 재검토되는 데는 아마 몇 세기가 걸렸을 것이다. 그것도 경제학자들의 올바른 판단에 의해서라기보다는 진실을 요구해온 현실상황 덕분에 가능했던 것이다. 흥미로운 점은 이 일반론이 그럼에도 불구하고 뒤집힌 형태로 계속해서 큰 피해를 가져오고 있다는 사실이다. 그러나 아무리 뒤집어놓았다 해도 맬서스주의는 여전히 경제학이 생산해낸 가장 위험한 오해 중 하나다.

맬서스(1766~1834)의 저술은 경제학적 지식의 저변을 이루고 있는 위험스런 단순화의 한 가지 예를 보여준 것으로 널리 알려져 있다. 이 선구적 경제학자가 주장한 저 유명한 「인구의 원리」란 다음과 같다. 즉 인구는 기하급수적(2-4-8-16)으로 증가하는 데 반해, 식량 생산은 기껏해야 산술급수적(2-4-6-8)으로 증가한다는 것이다. 결론은 간단하다. 균형을 상실한 자연이 균형을 회복하는 과정에서 식량 부족과 기아를 몰고 오는 사태를 피하려면, 인간은 스스로의 동물적 재생산본능을 억제하지 않으면 안된다. 물론 맬서스의 「직관」은 경제적 성찰에서 비롯된 것이라기보다 편협한 도덕관에서 나온 것이라 할 수 있다. 맬서스가 목사가 된 것은 우연이 아니었으며(역주 맬서스는 케임브리지 대학을 졸업한 후 성직을 택해 1796년 목사보가 되었다.), 또한 아마도 그는 18세기 말 가톨릭교를 믿는 아일랜드인들의 수가 금욕적인 프로테스탄트들이 보기에 고약할 만큼 엄청나게 빠른 속도로 증가하는 데 혐오감을 느꼈을 것이다. 그러나 맬서스가 도덕적인 면 이외에도 경제적 위기에 대해서도 생각했다는 사실에 주목해보자. 그의 성찰에 따르면 이 위기는 종국에는 과소소비라는 현상으로 닥쳐온다는 것인데, 이는 그의 「인구의 원리」와 정면으로 모순되는 논의다. 맬서스를 자신의 스승 중 한 사람으로 높이 평가한 케인스에 이르러서야 이러한 이론은 깊이를 얻을 수 있게 된다. 맬서스주의는 세계로 널리 퍼졌지만, 그 속에 담겨 있는 술책을 털어내지는 못했다. 출산의 억제란 인류의 모든 악을 몰아내는 일종의 기적의 해결책이 되었으며, 모든 사람들은 이것을 모든 사회문제의 해결에 대한 하나의 전제, 말하자면 유일한 대용약으로 권장하고 있었다. 교양 있고 근엄한 부르주아들은 출산의 억제라는 이 해결책을 그들의 하녀나 하녀의 남편인 노동자에게 제안했으며, 사회주의적 성향의 진보주의자들은 이 이론을 바탕으로 하나의 사상적 유파를 형성했다. 모두들 『너희는 너희를 더욱 키우고, 수를 증대시켜라』라는 성경구절을 까맣게 잊고 있었지만, 권위가 약해진 가톨릭 교회가 그것을 일깨우려 해도 역부족이었다. 『사람보다 더 큰 재산은 없다』는 장 보댕(Jean Bodin)의 격언을 기억해내는 사람도 없었다. 사실 산업혁명 한가운데서는 아이를 낳는 것이 재앙이었다. 이 점을 이해하기 위해서는 《가정요리(Pot-Bouille)》[역주 1882년 출간된 에밀 졸라(Émile Zola)의 소설]를 다시 읽어보는 것만으로도 충분하리라.

가장 교양 있는 사람들이, 앙드레 피에트르[12]가 「가장 야만적인 비상식」이라고 적절히 이름붙인 오류의 희생물이 되었다.

『내 생각에 모든 사람들은 다음과 같은 점에 동의하리라고 본다. 그것은, 한 나라에서 중요한 것은 그 나라의 인구 수가 아니라 삶의 질이라는 점이다.

우리 나라의 어느 항구로 가서, 어느 어부의 집으로 들어가보자. 그 집의 가장이 벌어오는 수입이라고는 근근히 목숨이나 부지할 정도뿐인데, 아이들은 대여섯이나 우글거린다. 이들의 어머니가 털어놓은 바에 따르면, 이 아이들의 대부분은 술에 취해 정신없던 밤에 잉태되었으며, 대체로 신체나 정신이 온전치 못하다. 당신 스스로에게 물어보라. 애초부터 흠집난 이 많은 싹들이 이 나라에 도움이 될지, 해악이 될지를.』 이런 터무니없는 글을 쓴 사람이 누구인가? 아이들에 대해 이야기하면서 이렇게 매정한 단어를 쓸 수 있었던 사람이 대체 누구인가? 아돌프 히틀러(Adolf Hitler)? 아니다. 이 글의 저자는 인권보호연맹의 의장이었던 빅토르 바시(Victor

12) André Piettre, 《경제학의 세 가지 시대(Les Trois Âges de l'économie)》, Fayard, 1964.

Basch)로서, 이것은 1931년 그의 연설문이다.

우리 사회에 점차 일상화된 것이 바로 이러한 사고방식이다. 이러한 사고방식이 비록 거슬리기는 하지만, 우리가 발전시켜온 개인주의와 쾌락주의는 그 이후로도 이런 사고방식을 깊이 고착시켜왔다. 그리하여 우리는 산아제한이라는 정신적 환경 속에 안주했는데, 영어 「birth control」을 옮겨온 이 산아제한이라는 말은 우리가 인간생명의 문제를 공해문제처럼 여기고 있음을 드러낸다.

선진국들이 1945년 이후 저개발 국가의 문제에 관심을 가진 것은 이러한 정신적 분위기 속에서였다. 선진국들이 내놓은 조언은 이러했다. 발전하고 싶은가? 그러면 우선 아이들을 적게 낳아라.

몇몇 국가들이 사용했던, 비난받을 만한 방법을 간단히 살펴보자. 예를 들어, 인도는 강제불임시술 체제를 확립했다. 『이 나라는 이 방면에 갖은 노력을 퍼부었다. 불임시술 지원자들을 시술전문 보건소로 데려오는 사람들에게는 보수를 주기까지 했다. 인도에서는 이런 산아제한 방식을 통해 출산의 5분의 4 정도를 줄일 수 있었으나, 불행하게도 이 방식이 거세와 혼동되는 바람에 다른 지역으로까지 널리 보급되지는 못했다.』[13]

문제를 뒤집어서 접근함으로써 우리 경제학자들은 다시 한번 중대한 실수를 범하고 말았다. 몇몇 경제학자들이 어처구니없는 추론에 말려든 나머지 영양

13) Paul Paillat, 《오늘날의 인구문제 (Problèmes démographiques d'aujourd'hui)》, Hatier, 1985.

섭취 양상에 따라 출산율이 결정된다고까지 믿게 된 정황을 고려해볼 때, 이러한 실수는 불가피한 것이었다. 예를 들어, 단백질 소비량이 생식력을 낮춘다고 설명했던 조쉬에 드 카스트로(Josué de Castro)가 그런 경우일 것이다. 출산율을 낮출 수 있는 방법이 있다면 그것은 바로 경제발전이다.

결코 용인될 수 없는 사실은, 농민들이 단 하나의 관심사, 즉 더 적게 생산하는 일에 몰두하고 있는 동안 수많은 사람들이 굶주림이나 영양결핍으로 죽어가고 있다는 점이다. 이것은 선진국의 경우이고, 후진국에서는 아무것도 이해하지 못한 농민들이 계속해서 더 많이 생산하지만 그 결과는 점점 더 먹고 살기 어려워지기만 한다. 바로 이러한 점에서 맬서스는 자신에게 부여된 본연의 교육적 임무를 완수했다. 즉 용인될 수 없는 것을 설명한 것이다.

게다가 이 경제학자는 뜻밖의 단순성을 발휘해 궁지에서 벗어났다. 즉 농민이 계속 생산하게 하려면 농산물 가격이 충분히 높아야 한다는 것이다. 그런데 생산량이 너무 많으면 가격은 하락하고, 따라서 생산은 저하된다.

그러므로 생산성이 과도하게 향상되도록 내버려두는 것은 굶주림을 초래하는 지름길이 된다. 1929년의 사태를 생각해보라. 그렇지만 이런 식의 추론이 기술적으로는 피할 수 없는 것일지라도 인간적으로는 부조리하다. 이 부조리에 붙여진 이름이 바로

**진정한 부는 노동을 통해 생산되며,
따라서 그것은 노동의 희소화를 의미한다.**

「시장의 법칙」이다.

그러나 그 전통적인 형태 아래에서도 이미 많은 기여를 해온 맬서스주의가 이제 다시금 소생했다. 이제부터는 스스로에 대한 고발을 통해 다른 부조리를 가려주는 방패막이 구실을 하고 있는 것이다. 노동시간 단축이 더욱더 요구되고 있는 반면, 많은 사람들은 노동시간의 단축을 통해 노동을 공유하려는 의지를 실업문제에 대한 「맬서스식」 대응이라고 비난한다. 「맬서스식」 대응이라는 말은 그것이 원래 뜻해야만 했을 의미(대체로 「어리석은 대응」이라는 의미)를 별안간 되찾았지만, 이번에는 그와는 정반대 경우에 적용된 것이다. 맬서스주의는 희소한 자원을 분배하자는 주장이었다. 이렇게 의미가 야릇하게 퇴화되더니, 이제는 사람들에게 희소한 자원이란 일자리를 뜻하게 되었다. 노동이란 부(富)의 결과가 아니라 모든 부의 원천이라는 사실을 사람들이 깜빡 잊어버렸던 것일까? 원래 재화의 분배를 권장하던 맬서스주의는 이상한 재주넘기를 통해 재화를 창출하는 특권의 분배가 되어버렸다. 그리하여 우리의 용감한 경제학자들은 새로운 황금의 땅, 즉 「일자리

의 광맥」을 찾아 길을 떠난 것이다(그래서 쥐페 총리
는 『우리는 많은 노동시간을 얻기 위해 중국으로 갔다』
고 선언하지 않았던가). 우리는 그들의 건투를 빈다.
변신이 이루어지기를 기다리면서 감탄이나 하자. 어
제는 인간이 부의 진정한 창조자들인데도 불구하고
인간의 수를 줄여야만 한다고 생각했다. 오늘날 사
람들은 노동시간을 줄이고 싶어하지 않는다. 진정한
부는 노동을 통해 생산되며, 따라서 그것은 당연히
노동의 희소화를 의미하는데도 말이다.

우리를 보는 시각에 유연성을…

　오늘날 옛날 연금술사들의 주문을 대신할 만한 말
이 있다면, 그것은 「유연성(flexibilité)」이라는 단어
일 것이다. 당신들 모두는 이 단어를 입에 올릴 것
이다. 우리의 경제학자들은 특히 유-연-성이 부족하
다고 하면서…. 그러면 다소 속물스럽게 느껴지는
이 유연성이란 어떤 것인가? 얼마나 속물스럽길래
프랑스공화국 대통령이 자신은 이 단어를 좋아하지
않는다고 털어놓기까지 하고, 사람들은 그가 이렇게
말한 데 대해 용서하지 않을 수 없는 것인가?
　무엇이 문제인가? 우리의 경제는 법률·규칙 등
여러 가지 경직성 때문에 어려움을 겪고 있다. 이런
경직성은 이른바 신성불가침하다는 시장의 법칙이
기능하는 것을 방해한다. 유연성이란 시장의 「유동

적」기능을 회복하려는 의지로서, 이런 시장기능을
통해 경쟁과 정당한 가격이 수립될 것이다. 신중한
경제학자 한 사람에게 노동시장의 「경직성」을 꼽으
라면 어떤 것들이 있을지 물어보라. 자크 르주른
(Jacques Lesourne)[14]은 경직성을 세 가지로 구별한
다. 노동 비용, 해고의 비용과 절차, 그리고 실업에
대한 보상수준이 그 세 가지다. 우리의 저자께서 생
각하시기에는, 『대규모 실업자의 발생은 경기변동과
노동비용에서 비롯되며, 약간의 실업자는 업자 지원
책의 역효과로 생겨난다고 할 수 있다.』[15] 적어도
이 말은 명백한 사실이다.

경직된 것 중에서 바람직한 시장경제를 꾸려나가
는 데 무엇이 가장 견딜 수 없는 것인지, 『소기의
결과를 얻기 위해 다시 희망을 불러일으키고, 우리
의 민주주의에 새로운 생명력을 불어넣기』[16] 위해
철폐해야 할 것이 무엇인지를 찾아내는 일은 어렵지
않다. 이 경직성에는 「업종 간 일률 슬라이드제 최
저임금」이라는 명칭이 붙어 있다[보통 스믹(Smic)이
라고 부르는 것으로, 프랑스에는 이 제도의 혜택을 누
리는 사람이 아주 많다. Smic을 타는 사람이 500만
명에 달하는 것이다].

이 점에 대해 노벨상을 탄 경제학자들은 어떻게
생각할까? 프리드먼의 견해는 익히 알고 있다. 더
젊은 학자 게리 베커(Gary Becker)의 의견은 다음과
같다. 빌 클린턴(Bill Clinton)의 최저임금 인상정책

14) Jacques
Lesourne,
《실업에 대한
진실과 거짓말
(Vérités et
mensonges sur
le chômage)》,
Odile Jacob,
1995.
15) 〈Le Monde〉,
1997년 2월
7일자.
16) Jean Kaspar,
〈Le Monde〉,
1997년 1월
28일자.

에 관한 한 논문에서 그는 다음과 같이 이야기하고 있는데, 이 논문은 우리 프랑스 정책관련자들도 참고할 필요가 있다. 『최저임금의 인상이 고용의 감소를 실현한다는 경제법칙을 반박하려면 굉장한 마술사가 되어야만 할 것이다. 마법이 부족한 정치인들은 해보려고 하지도 말아야 한다.』[17) 1991년과 1992년에 이루어진 최저임금의 인상이 실업의 증가를 초래했음을 「증명」한 미국 경제학자들의 지극히 학술적인 연구를 인용하면서도 베커는 한 가지 어려운 문제에 부딪친다. 즉 펜실베이니아에서보다 뉴저지에서 고용이 더 큰 감소를 보인 것이다. 이 문제에 대해 생각한 끝에 『아마도 지역 고용주들은 이러한 조치가 시행되리라고 예상했을 가능성이 있다. 그래서 이들은 그 이전에 이미 능력이 떨어지는 사람들을 해고했다….』빌어먹을! 최저임금을 인상할 경우 어떤 사태에 직면하게 될지 이 경우 명확하게 드러난다. 최저임금을 인상하기도 전에 이미 실업을 만들어내고 있는 것이 아닌가! 요컨대, 이 노벨상 수상자가 이야기한 것처럼 최저임금은 「여전히 막강한 고용 파괴자인」 것이다. 분명 이것의 위력은 아주 대단하다. 그러니 1997년 7월 리오넬 조스팽 (Lionel Jospin) 총리 시절에 단행되었던 스믹 인상 조치가 쥐페 정부에 들어와 일자리의 감소로 나타난 게 아닌가.

17) 「최저임금의 부활」, 〈Le Figaro〉, 1995년 3월 16일자.

*　　　*　　　*

　지금까지 우리는 오늘날 경제에 대한 논의 속에 완강히 자리잡고 있는 상투적 일반론을 살펴보았다. 그런데 이쯤 해서 독자들은 이러한 검토작업에 몰두하는 일이 재미있기는 하지만 안이한 이야기가 아니냐고 반박할지도 모르겠다. 이렇듯이 모든 경제학자들은 「어떤 점에서는」 오류를 범할 수 있다. 따라서 이들 모두가 「어떤 점에서는」 옳다는 사실을 입증하는 것도 어려운 일은 아니다. 경제학자들의 오류를 여기에서 좀더 열거할 수도 있다. 그러나 중요한 것은 그 오류의 진짜 「핵심」이 무엇인지 아는 일이다. 우리의 경제는 시장·기업·노동이라는 세 개의 기둥으로 지탱되고 있다. 근본적인 사기가 자리잡을 지점은 이 세 기둥 사이의 「어떤 지점」일 수밖에 없다.

5

시장의 형이상학

경제학의 일반론 중에서 가장 빈번히 등장하는 단어는 아마도 시장일 것이다. 사람들은 시장을 생각하지 않고서는 경제학을 논할 수 없으며, 시장을 증인으로, 더 나아가서는 최후의 심판자로 삼는다. 「시장의 인증」이 신의 심판을 (더 잘) 대신하고 있다. 분명한 것은, 시장을 벗어나서는 구원이 없다는 것이다. 우리의 경제체제를 아직까지 감히 「자본주의」라고 부르는 사람들이 있는데, 그들은 아마도 우리의 체제에 대해 비관적인 오해를 품고 있는 듯하다. 그들에게 결정타를 날리기 위해 우리의 체제에 대한 정의를 구하는 것도 시장에서다. 한 세기 전이었다면 전체주의의 악몽에서 벗어난 나라들에게 민주주의, 자유 또는 약간은 의심스러운 데가 없지 않은 「진보」를 향해 나아가라고 충고했을는지도 모른다. 하지만 지금은 상황이 다르다. 훨씬 더 고되고 최종적인 과제가 부여된다. 즉 시장으로의 전환이다.

모든 경제기구 중에서 시장은 가장 마술적이면서도 가장 단순하다. 시장은 모든 경제기구의 토대를 형성하고 있다. 시장은 그 자신이 단일한 시장이 되어버린 우리 세계의 알파요, 오메가다.

하늘에서 내려주신 기구와 보이지 않는 손

거래는 언뜻 보면 단순한 듯하다. 즉 교환가능한 재화로 모습을 바꾼 각자의 수고를 갖고 출발한 공급자와 수요자는 어떤 「경계」에서 만나게 되는데, 바로 이 경계 위에서 어떤 사람들의 필요와 수고가 다른 사람들의 필요와 수고와 교환되는 것이다. 만남 자체는 소란스럽지만, 그 결과는 놀랍다. 더 적게 주고 더 많이 얻었다고 생각하는 모든 사람들이 만족해서 집으로 돌아가는 것이다. 교환이란 바로 더 적은 부가 더 많은 부로 변화하는 마술적인 순간이다. 그러면서도 손해 보는 사람은 아무도 없게 되는데, 그 이유는 성사된 거래가 경제학자들이 「상호이익(réciprocité des avantages)」이라고 부르는 것을 충족시키기 때문이다. 이와 같이 재화의 교환은 인간사회의 토대를 이루고 있으며, 인간사회에 역동성을 부여하고 있다.

이런 기적이 구현되도록 보장해주는 것이 가격이다. 어떤 재화의 희소성과 효용성을 인증해주는 가격은 시장과 경제학의 진정한 북극성이다. 가격은 법칙이다. 또한 중력의 법칙만큼이나 논란의 여지가 없는 것이기도 하다. 높은 가격은, 그 재화의 소비자에게는 그 재화를 절약해 이용해야 한다는 것을 알려주며, 생산자에게는 부자가 되려면 무엇을 공급해야 하는지를 알려준다. 반대로 낮은 가격은 생산자를 돌아서게 하고 소비자들을 유인한다. 이처럼 가격은 인간의 필요가 어떤 상태인지, 그 필요를 충족시킬 수 있는 능력은 있는지를 언제든지 측정한다.

가격은 언제든지 고통과 쾌락 사이에서 균형추 역할을 한다. 즉 인간이 어떤 것을 참고 견뎌야 하고 어떤 것을 바랄 수 있는지를 결정해준다. 이와 같이 보이지 않으나 확고부동한 손에 의거해 조종되는 가격은, 인간의 노력에 의미를 부여하고 그것을 인증해준다. 시장에서 두 명의 생산자가 완전 동질의 두 상품을 완전히 다른 가격에 공급할 경우, 그에 대한 인증은 즉각 이루어진다. 즉 더 「서투른」 생산자가 즉시 제거되는데, 왜냐하면 그가 자신의 상품을 팔기 위해서는 가격을 낮추어야 하기 때문이다. 그런데 판매행위를 통해 얻은 이익이 그 재화를 생산하기 위해 자신이 소비해야 했던 비용보다 더 낮다면,

그는 당연히 체념하고 사라질 수밖에 없을 것이다. 왜냐하면 아주 단순하게 생각해 이는 자신의 노동이 노동·재료·에너지·시간 등의 자원을 잘못 사용했다는 것을 의미하기 때문이다. 시장은 그에게 스스로의 활동이 잘못된 것임을 지적해준다. 말하자면 이 어리석고 무능력한 사람은 더 많이 소비해 더 적게 생산했을 것이다. 이 사람은 지구상에 존재하는 인류의 자원을 낭비한 것이다. 그래서 시장은 그를 제거해버리는데, 아무도 그 조치를 불평하지 않을 것이다.

반대로 다른 사람은 보상받게 될 것이다. 왜냐하면 그는 더 적은 노동력·시간·재료로써 더 많은 만족과 위안과 행복을 생산해낸 셈이기 때문이다. 그가 인류에게 가져온 혜택은, 자신이 얻은 이익의 크기만큼일 것이다. 그러므로 부는 정당한 노력과 천재적인 재능, 상상력에 대한 정당한 보상이다.

이것이 바로 사람들이 사랑하는 그대로의 시장이다. 이것이 바로 사람들이 꿈꾸는 그대로의 시장이다. 이것이 바로 사람들이 아이들에게 이야기해주는 그대로의 시장이다.

증거가 필요한가? 사회주의 국가들이 겪었던 참담한 실패는 시장·가격·이익에 대한 그들의 무지와 경멸 속에 고스란히 담겨 있다.

사회주의 체제의 온갖 과오는 시장기구가 굳이 필

요하지는 않다는, 무책임하고도 자만심 가득한 야망으로 요약된다. 「계획」으로 가격을 결정하는 것이다. 말하자면 시장이 없이 형성된 가격인 셈이다. 소비에트주의자들은, 마르크스가 제시한 어리석은 노동가치의 정의에 눈이 어두운 나머지, 70년 동안이나 가격을 생산단계 이전에 결정했다. 자동차 한 대의 값은 얼마일까? 그것은 자동차가 포함하고 있는 재화의 총량이다. 따라서 계획 목표를 달성하려면 더 많은 자동차를 생산해내는 것이 아니라, 더 무거운 자동차를 생산해내는 것으로 충분하다는 사실을 회사책임자들은 재빨리 간파해냈다. 우리는 40kg이나 되는 어마어마한 예비 타이어를 장착한 자동차 모델을 아직도 기억한다!

이와 같이 소련은 시장이라는 정당한 인증기능에 무지했다. 그 결과 엄청난 양의 천연자원을 낭비하고 어마어마한 영토를 때로는 회복할 수 없을 정도로 훼손함으로써 국민들을 총체적인 궁핍으로 몰아넣는 우를 범하고 말았다. 그런데 소련의 지도자들은 굳이 멀리까지 가지 않더라도 시장이 할 수 있는 일에 대한 예를 찾아볼 수 있었다. 왜냐하면 최소한 소련에도 콜호스(Kolkhoz)라는 형태의 시장이 존재하고 있었기 때문이다. 농부들은 한 뙈기의 땅이나마 자유롭게 경작하고, 거기에서 나는 소출을 자유가격으로 자유시장에서 자유로이 판매할 수 있었다. 그 결과 불과 3%의 땅에서 전체 농업생산의 30%가 생산되었으며, 특정 산물의 경우에는 50~80%를 차지했다.

지나는 길에, 그들의 경제학자들이 우리의 경제학자들보다 더 어리석었던 것 같지는 않다는 점을 지적해두자. 오늘날 시장경제로의 전환을 담당하는 사람들이 동구 여러 나라들을 그런 상황에 빠뜨렸던 사람들과 동일한 사람들이 아니라는 것도 지적해두자. 베를린 장벽의 붕괴는 사상(과 희망)을 무너져내리게 한 것이지 인간을 허물어뜨린 것은 아니었다. 「보이지 않는 손」이 그들을 도울 것이다.

지금까지의 이야기를 듣고서도 시장을 비판하는 사람이 있을 수 있겠는가? 어떤 궤변을 부려 이 명확한 증거를 반박할 수 있겠는가? 전혀 의미없는 사소한 사항에 근거한 몇몇 궤변을 제외한다면 수용될 수 있는 비판은 없으리라.

그럼에도 불구하고 200년 전 스미스가 위의 진리를 펴신 이래로 궤변은 무수히 많았고, 또한 이들 궤변은 몇만 페이지로도 다 담아내기 어려울 만큼 많은 경제학자들의 반성에 젖줄이 되고 있는 것이다.

우리는 시장의 모든 것에 대해 이의를 제기해볼

수 있고, 또한 실제로 모든 것이 이의를 제기당해왔
다. 우선 교환의 실제 양상이 가정과 부합하는 경우
가 드물다는 사실이다. 정말로 모든 재화가 상호교
환될 수 있는가? 공공재는 결코 시장에 맡길 수 없
다는 것을 우리는 알고 있다. 공공재(예컨대 국방처
럼)는 분할할 수 없기 때문이다. 또한 국가의 존재
만으로도 시장논리가 완전히 파괴될 수 있다는 사실
도 알고 있다. 이것이 이른바 차선이론이다. 교환의
최적조건이 지켜지지 않는 곳이 단 한 분야라도 존
재한다면, 다른 분야에서 아무리 그것을 준수한다고
해도 소용없는 일이다. 이런 조건에서라면 국가는
차라리 존재하지도 말아야 할 것이다! 경제재와 자
유재를 구분하고, 자유재는 공기·물 등 엄청나게
많기 때문에 가격이 없다고 생각하는 논리에 대해
어떻게 생각해야 할 것인가?

요컨대, 시장이 경쟁상태에 있다 한들 계속 그러
리라고 누가 믿을 것인가? 브로델은 「시장경제」와
「자본주의」를 구분짓는다. 이것은 아주 적절한 구분
으로 보이지만, 이에 대해 이야기하자면 많은 시간
이 필요할 것이다. 우리는 다만 이것만 기억해두도
록 하자. 자본주의는 시장의 적이다. 시장이 경쟁적
이지 못하도록 강제하는 이가 있으니 바로 상인이다.
생산자와 소비자를 중개하는 상인 말이다.

『시장은 언제나 독점이었다.』[1]

1) Fernand
Braudel,
《자본주의의 역학
(La Dynamique
du capitalisme)》,
Arthaud, 1985.

시장 숭배는 무지에 대한 예찬이다

그럼에도 불구하고 사람들은 시장을 믿고 있다. 굳게 믿고 있다. 알랭 마들랭(Alain Madelin)의 입장을 지지하는 앙리 르파주(Henri Lepage)는 여러 학자들 중에서 미국의 자유주의 교조주의자들의 최근 성과를 프랑스로 들여오는 데 가장 앞장선 사람이다. 시장에 대한 신뢰는 여기에서 거의 「신앙」에 가까운 경지에 이른다.

『개인의 이익이라는 압력만이 자원을 이용해 최대한의 가치를 창출할 수 있는 사람들에게 그 자원이 <u>흐르도록 유도한다.</u>』[2]

이것은 시장이 작동하기 때문이다. 심지어는 사람들이 아무것도 이해하지 못하는 데도 말이다. 마치 「신의 섭리」처럼, 시장은 『개인들이 원하지 않아도 타인들을 위해 선한 일을 하려는 동기를 지닌 채 존재하는』 장소이므로 원하지 않으며, 그리고 알지도 못한다. 시장의 본질적인 특징 중 하나가 정보 제공이라는 것은 누구나 다 아는 사실 아닌가. 게다가 『우리로 하여금 행동하고 무언가를 하도록 해주는 대부분의 지식은, 우리가 그 지식을 안다는 것조차 우리 대부분이 알지 못하는 지식이다.』

시장 중에서 증권거래소는 가장 신뢰할 수 있는 정보를 제공하는 시장이다. 『가장 전도유망한 산업

2) Henri Lepage, 《새로운 산업경제학(La Nouvelle Économie industrielle)》, Hachette, 1989.

이 어떤 것인지 어떻게 알 수 있을까? 그것을 알 수 있는 방법이 딱 하나 있는데, 증권거래소를 주시하는 것이다.』증권거래소란 온갖 타당성이 총집중된 곳이기 때문이다. 사실 증권거래소는『그러한 정보를 입수하고 실행에 옮기는 것을 전문으로 해온 많은 사람들이 갖고 있는 온갖 지혜의 용광로다. 그곳에서 하나의 종합적인 결과가 도출된다. 그 결과는 자기가 옳다고 내세우지는 않지만, 미래의 변화 가능성을 가장 정확하게 반영한다고 할 수 있다.』[3]

비관적인 사고를 지닌 이들은 증권거래소의 지혜란 고작 여름철에「얼음 공장의 주가」를 상승시키는 정도에 불과하다(케인스)는 사실을 강조할는지도 모른다. 그러나 그런 생각은 극단적인 시장 옹호론자들의 최근의 약진을 눈여겨보지 못한 소치일 것이다. 시장에 대한 예찬은 끝이 없다. 어쩌면 시장조차 자신의 확장의 끝이 어디까지 펼쳐질지 모를 정도다. 르파주의 주장에 따르면『몇 가지 조건만 충족되면 시장에 단 하나의 기업만 존재한다 하더라도, 그 사실이 그 회사로 하여금 균형가격 수준을 준수토록 하기에 충분한 경쟁적 압력을 유지하는 것과 양립할 수 없는 것도 아니다』[4]는 것이 밝혀졌다고 한다.

뭐라구? 무식한 독자가 이에 대해 불신을 품는다면, 그것은「이의제기 가능 시장(marchés contestables)」이라는 개념을 알지 못하기 때문이다.

따라서 『경쟁상태를 유지하는 데 대기업은 위험이
아니다』라는, 참으로 다행스러운 사실을 우리는 알
게 되었다. 광고가, 대기업들이 시장을 장악하는 무
기라고 생각할 수도 있을 것이다. 그러나 이 또한
오로지 무식하기 때문에 생긴 생각이다. 르파주는
로베르 아라니앙(Robert Aranian)의 논문의 결론을
인용하고 있다. 요컨대, 그는 『광고비 수준과 이익
률 사이에는 아무런 상관관계가 없다』는 것을 증명
한다. 오히려 정반대로 『광고는 생산자들의 독점력
을 완화시켜준다.』

그렇다면 대기업들은 왜 홍보광고에 막대한 돈을
계속 쓰고 있는지 궁금해진다. 어느 최고경영자가
『나는 우리 광고비의 절반이 아무 소득도 올리지 못
한다는 것을 알고 있다. 다만, 그 절반이 어떤 절반
인지 모를 뿐이다』라고 빈정대며 언급한 이유 말고
또 다른 게 있을까?

어쨌든 시앙스포의 저명한 교수인 장자크 로자
(Jean-Jacques Rosa)의 주장대로, 『광고는 생산자가
배합한 투입요소 중의 하나, 즉 소비자들에게 새로
운 기회를 제공하는 데 소용되는 투입으로 보아야
한다.』 그러므로 『기업가는 소비자로 하여금 현재의
기회를 깨닫도록 하는 경제주체로서의 중요한 역할』[5]
을 인식해야 한다.

그렇다면 광고는 소비자에게 새로운 상품에 대한
정보를 제공하는 것이란 말인가? 왜 코카콜라사는

5) Jean-Jacques
   Rosa, 《다시
   찾은 경제학 :
   오랜 비판과
   새로운 분석
   (L'Économie
   retrouvée :
   vieilles critiques
   et nouvelles
   analyses)》,
   Economica,
   1977.

162

100년 전부터 줄곧 광고를 하고 있는가? 지구상의 어느 누가 코카콜라라는 「기회」가 존재한다는 것을 아직도 모르고 있단 말인가? 소비자가 깨닫도록 하는 일은 어려우니까(게다가 그것은 시간이 걸리는 일이기도 하니까)….

시장을 벗어나면 아무것도 없다

일단 그런 체제의 우수성을 내세웠으니, 우리의 시장체제 옹호주의자들이 시장의 개념을 인간활동의 모든 영역으로까지 확장시키고자 하는 것은 아주 정당하기 그지 없는 일이다. 그리하여 100년 전의 해묵은 자유주의 사상가들이 세상의 모든 불행은 자유로운 시장기능의 장애에서 온다고 믿었다면, 오늘날 과격한 젊은 학자들은 시장이 아직은 모든 것을 지배하지는 않는다는 말을 언어도단이라고 여기는 것이다.

『새로운 이론은 경제학의 적용 범위를 확장시킨다. 비상업적인 분야로까지…. 그 이론은 건강·자녀·결혼도 생산으로 설명한다. 예컨대, 욕망, 권위, 그리고 상업과는 거리가 먼 심리요인 등의 현상도 검토 대상에 포함시킨다.』[6] 건강을 예로 들어보자. 그들은 『사실 수명은 건강에 적절히 투자함으로써 연장될 수 있다』고 우리에게 가르친다. 그 반면에 그들은 「자녀의 생산」이 도대체 무엇인지 이해하지 못

6) Jean-Jacques Rosa, 앞의 책.

할 정도로 상상력이 부족할 수도 있다. 그러나 현명한 독자들은 어리석음의 생산(과 경우에 따라서는 그것의 상업화 현상)이 어떤 것인지 틀림없이 이해하기 시작했으리라.

왜 그런지 설명할 수는 없지만, 아직도 시장의 관리를 받지 않는 영역이 하나 있는데, 그것은 자연이다. 분명히 모든 환경문제는, 우리가 이 문제를 수요와 공급의 법칙 밖에서 해결하려고 고집하는 데에서 비롯된다.

『수요와 공급의 원리에 따라 조직된 사회라면, 이 사회는 인간 조직이 능률적일 수 있는 한 최고로 능률적일 뿐만 아니라 그 사회에서는 더 이상 환경문제를 논의할 필요조차 없을 것이다. 왜냐하면 모든 것이 사유화될 수 있으며 또한 사유화되어 있고, 따라서 타인의 권리에 대해 외부에서 가한 모든 피해는 반드시 보상되기 때문이다. 그런 사회에서는 자연자원을 포함해 모든 자원은 시장이라는 매개체를 통해 적절히 경영될 것이며, 개인의 선호는 시장을 통해 자유스럽게 표출될 것이다. 위험에 대한 적절한 경영과 보수 또한 보험시장의 기능을 통해 실현될 것이다.』[7]

이쯤 되면 시장예찬 뒤에 무엇이 숨어 있는지 분명해진다. 우리의 그 잘난 케케묵은 사유재산이 그것이다. 인간에게 단 하나뿐인 진정하고도 자유로운 열정.

7) Henri Lepage,
앞의 책.,
p. 325.

164

『들소들이 사라져 버린 이유는 무엇일까?
그것은 그들이 어느 누구의 소유도
아니었기 때문이다. 카우보이들이
자신의 소들을 학살하진
않았을 테니까…』
−G. 브라물레−

환경주의자-통제주의자인 「녹색 폴포트(Pol Pot verts)」를 비난하는 성명서, 《녹색 페스트(La Peste verte)》를 작성한 이들 중 한 사람이며 마들랭의 고문이자 대학교수인 제라르 브라물레(Gérard Bramoullé)가 명확하게 밝히고 있는 것이 그런 것이다. 그는 이렇게 쓰고 있다. 『내가 시장의 환경론이라고 말할 때, 그것은 우선 재산권을 보호하는 환경론을 의미한다. … 들소들이 사라진 이유는 무엇일까? 그것은 그들이 인간의 소유가 아니기 때문이다. 카우보이들이 자신의 소들을 학살하는 법은 없을 테니까….』[8] 비록 거칠기는 하지만 그로서는 분명히 한 번쯤 짚고 넘어가야만 할 생각이었을 것이다. 자, 우리는 이제 명약관화하게 알게 되었다. 왜 미국에서 인디언들은 사라져버린 반면, 흑인들은 그렇지 않았는지를 말이다.

우리는 이제 지구의 운명에 대해서도 노심초사할 필요가 없다. 1997년 2월 19일자 〈르 몽드〉지에 실

8) 〈Capital〉, 1992년 6월호.

린 기사—이 기사에 따르면, 얼마 전부터 부유한
사람들이 파타고니아에 수천 헥타르에 달하는 땅을
구입하고 있다—내용에 대해 그 때까지만 해도 오
해했던 것이다. 『환경오염이 비껴나간 세상의 귀퉁
이에서 수정같이 맑은 호수와 거대한 숲이 점점이
흩어져 있는 이 거대하고도 인적 없는 공간은 지구
상에서 유일한 환경생태상의 은신처가 되고 있다.』

　우리는 이 보물이 결코 파괴되지 않을 것으로 확
신해도 좋다. 얼마 전에 테드 터너(Ted Turner)는
650만 달러라는 「하찮아 보이는」 금액으로 5,000ha
의 땅을 샀다. 자연을 사랑할 경우에는 계산이 문제
가 되지 않는다. 람보(Rambo) 자신은 자연을 훨씬
더 사랑하는 것 같다(800만 달러로 1만 4,000ha의
땅을 구입했다). 하지만 이들은 자선가 소로스의 미
친 듯한 사랑(35만 ha의 땅을 구입했다)과 루치아노
베네통(Luciano Benetton)의 진정한 착란(85만 ha의
목초지를 구입함)에 비할 바는 못 된다.

　그 지역에서는 『2000년이면 파타고니아에 신이
자리잡게 될 것이다』라고들 한다. 따라서 길 잃은
양들은 없어지겠지.

논리의 전도, 불길한 결과

　비판의 여지가 있는 영역이 딱 하나 있다. 단 하
나의 실패, 그러나 모든 실패를 요약하는 실패….

시장의 본질적인 힘을 극복할 수 없는 약점으로 만들어버리는 간단한 검증…. 말하자면 신앙의 원초적 신비를 결정적인 사기로 만들어버리는 것처럼…

리카도를 아는가? 물론 알겠지. 고등학교 3년생이라면 누구나 이 위대한 경제학자를 속속들이 안다고 생각한다. 유명한 비교우위론을 통해 알고 있기 때문이다. 천과 포도주, 영국과 포르투갈에 대한 이야기는 너무나 많이 되풀이되었기 때문에 착실한 학생이라면 누구나 이 이야기가 국제무역의 핵심, 완벽하게 현실화된 시장의 표현이라고 생각한다. 그러나 형편없는 개론서에 담겨 있지 않은 리카도의 다른 면모를 보면 훨씬 흥미로운 사실을 확인할 수 있을 것이다. 그는 이렇게 말하고 있다. 『상품 가격이 수요에 대한 공급의 비율이나 공급에 대한 수요의 비율에 의해서만 결정된다는 견해는 정치경제학에서 거의 공리가 되었다. 그러나 이는 이 학문에서의 수많은 오류의 원천이기도 했다.』(《원리(Principles)》, 제30장)

경제학은 거의 200년 동안 이 오류 속에서 헤맸다. 무엇이 물건의 가치를 결정하는가? 리카도는 이것이 바로「정치경제학 최고의 난제」임을 인정했다. 이 문제를 도외시하고서는 어떤 사상도 정당할 수 없다. 리카도 자신이 제시한 답(노동가치)은 노동을, 물론 자신의 노동은 아니고 타인들의 노동에 대한 찬양을 소명으로 삼았던 부르주아 계급에겐 상당히 위협적이었다.

　언뜻 보아도 상식에 어긋나는 이러한 확인에 내포되어 있는 잠재적 위험을 마르크스가 명시했다는 것은 이미 잘 알려진 사실이다. 단순하기 그지없는 리카도의 노동가치관을 넘어설 수 있으리라 생각한 마르크스는 불행하게도 이론적 난관에 봉착하게 되었다. 이런 사태는 완전무결한 이론을 구축하겠다는 야심으로밖에는 설명될 수 없다. 마르크스의 근본적 오류는 사실이라고 하기에는 너무나 멋진 두 가지의 관념, 즉「교환가치」와「사용가치」라는 관념으로 가치를 분리시켰다는 것이다. 마르크스의 후예들은 이 두 개념과 현실, 특히 가격이라는 현실을 연결지어야 하는 임무에 모두가 탈진해버렸다. 똑똑한 사람들마저도 하나의 결론, 도저히 피할 수 없는 불가능한 임무라는 결론에 이르게 되었다. 따라서 마르크스주의가 스스로를 파괴해버렸다는 것은 어쩔 수 없는 일이었다.

　잘못된 분석, 정치적으로 위험한 이 분석에 대한 반작용으로 이른바「신고전학파」이론가들은 가치를 완전히 제거시킴으로써 아주 극단적으로 가치 문제에 접근했다. 가치라고? 그것은 개인적인 문제다. 각자 자신의 가치를 가지고 있다. 따라서 한계효용, 무차별곡선, 그리고 여타 미시경제학적 만족을 더 먼 곳에서 찾아보아야 헛일이다. 이와 반대로 정말로 흥미로운 것은 복잡다단한 자아의 가장 깊숙한

곳에서 태어난 이들 가치가 필연적으로 시장에서 서로 만난다는 것이다. 또한 시장에서는 훨씬 더 물질적이며 수량적인 어떤 것이 나타나 자신을 강요한다는 것이다. 그것은 바로 가격이다. 사물에 대한 이런 식의 이해는 그 자체로서 분명한 장점을 지닌다. 즉 가치의 기원과 본질에 대한 모든 탐구는 순수한 공론(空論)이 되며, 소득 없는 형이상학이 된다는 것이다. 특히 가격의 본질적인 결정요인, 즉 권력이 드러나도록 한다는 장점을 지니고 있다.

만일 가격이란 오직 수요와 공급 간의 관계일 뿐이라고 생각한다면, 그로써 하나의 균열이 열리게 되는 셈인데, 그 균열 속으로 모든 권력의 행사가 흘러들어가게 된다. 인간적인 것(부, 필요)을 대표하는 것으로서의 수요와 공급은 조작과 대립에 장(場)을 마련해준다. 시장은 어떤 행위자도 영향력을 행사할 수 없는 이 두 가지의 추상적인(그러나 완벽하게 측정할 수 있는) 실체들이 상호 평화롭게 마주하는 것이 결코 아니다. 시장은 오직 힘에 대한 규제만이 최상의 힘이 되는 전쟁터다. 따라서 경제학자들은 저 유명한 「순수완전경쟁」이란 오직 이론적인 논증— 그들은 끊임없이 이것을 참조한다— 속에서나 존재한다는 것을 인정해야 했다. 예를 들어, 이론적인 시장의 「투명성」은 「정보비대칭(dissymétrie d'information)」이 되었다. 중고 자동차를 판 사람은 자신이 쓰레기통 하나를 팔아 치웠다는 것을 잘 알고 있다. 그래서 중고차를 구입한 사람은 자신이 어떤 것을 샀는지를 상상하는 수밖에 없다. 모제스턴(Morgestern) 이후, 사람들은 게임이론에 관심을 갖게 되었는데, 그것은 교환이란 최선의 경우에도 도박이라는 것을 알고 있기 때문이다. 그런데 코카콜라 한 깡통이나 나이키 신발을 구입한 여드름 투성이 사춘기 소년이 무슨 도박을 할 수 있을 것인가? 그는 도박을 하는 것이 아니라 덮어놓고 좋아하는 것이다.

일반적으로는 사람들이 별로 주목하지는 않지만, 그 간결함으로 인해 《일반이론》 전체보다 훨씬 더 시의적절한 케인스의 문장 하나가 있다. 『전쟁은 각자에게 낭비가 가능하다는 것을 가르쳐주었다. 전쟁은 각 개인에게는 소비의 유망함을, 많은 이들에게는 절제의 덧없음을 보여주었다.』[9] 이는 제1차 세계대전 이후에는 부분적으로만 사실이었지만, 제2차 세계대전 이후에는 전적으로 사실이었다.

「영광스런 30년」은 행복이 낭비의 공유라는 환상 속에 존재했던 시기였다. 케인스가 승리하게 되었는데, 그의 승리는 그가 내린 처방을 통해서뿐만 아니라, 특히 모든 경제적 재난의 유일한 해법인 과도한 소비철학으로 인한 것이었다. 성장이란 낭비의 민주화를 통한 풍요함이다. 시장의 진정한 의미는 필요의 괴물스런 팽창 속에 자리한다. 이 팽창이야말로 시장의 근본 동인(動因)이며, 다른 무엇으로 대신할

9) Keynes,
   《평화의 경제적
   결과들(Les
   Conséquences
   économiques de
   la paix)》, 1919.

170

『사람들은 성장률과 사랑에
빠지지 않는다.』
—E. 메르—

수 없는 동인이다. 경제학은 서양철학 전체로부터 단 하나의 원칙만을 취했다. 경제학의 영원한 영광에 헌신하는 그 원칙이란, 인간은 밑빠진 욕망의 우물이라는 것이다. 시장 경제학이 참된 부와 헛된 부로 자신의 창조물에 영양을 공급하는 것은 매번 깊어가기만 하는 이러한 심연으로의 잠입을 통해서다.

이것이 1967년부터 기 드보르(Guy Debord)가 이해했던 바다. 『현재의 모습은 재화와 상품을 동일시하고 만족을 생존과 동일시하는 시각을 강요하기 위한 영원한 아편전쟁이다. …하지만 소비가능한 생존이 항상 값이 오르는 어떤 것이라면, 그것은 생존이 끊임없이 결핍을 내포하고 있기 때문이다. 만일 값이 오른 생존 너머에 아무것도 없다면, 그리고 그 생존이 성장을 멈출 곳이 없다면, 그것은 생존이 결핍을 넘어섰기 때문이 아니라, 그 생존 자체가 이미 더 늘어난 결핍이 되었기 때문이다.』[10] 이는 재화의 풍요가 바로 욕구불만이 넘쳐나는 것임을 분명히 의미한다. 이처럼 빈곤은 표면적으로는 역설적인 형태를 띠고 있다. 미국 인구의 30%를 점하고 있는 비만은 빈민들의 질병으로 잘 알려져 있다.

10) Guy Debord, 《구경거리의 사회(La Société du spectacle)》, Buchet-Chastel, 1967.

　1970년대엔 에드몽 메르(Edmond Maire)의 경구
를 빌린, 『사람들은 성장률과 사랑에 빠지지 않는다』
는 말이 흔히 쓰였다. 시장이라는 세상에서 다른 사
랑은 불가능하다는 것을 확인하는 데에는 성장이 변
덕스런 애인 역할을 하는 것으로 충분했다.

6

생산성의 진정한 역사

진정한 실업가는 인간을 업신여기지
않는 사람이다.
　　　－ 알랭 마들랭(Alain Madelin)－

졸렬한 우화가 모두 그렇듯이 경제학에도 주인공이 있다. 비록 200여 년 전부터 기업가를 아주 합리적인 존재로 제시하는 일에 몰두해왔음에도 불구하고, 경제학자들이 기업가에 대해 논할 때면 의견이 완전히 갈라지게 되며 아주 이상한 서정주의 속으로 빠져든다. 증거가 굳이 필요하다면, 그들의 수리적 의사결정모형과 온갖 한계값 계산의 무력함을 예로 들 수 있다.

기업가란 무엇인가? 케인스에 따르면 과거에 기업가란「기교와 우연이 뒤섞인 도박」을 하는「다혈질의 개인」이었다(《일반이론》). 슘페터는 기업가와 혁신을 혼동함으로써 더 이야기한 내용이 아무것도 없다. 기업가들의 신전(神殿)에는 몇몇 기업가들의 이름이 영원히 빛나고 있다. 그 이름은 인류의 가장 큰 진보와 영원히 결부되어 있다. 헨리 포드(Henry Ford)는 인류에게 은혜를 베푼 사람들의 원형으로 존재한다.

헨리 포드의 전설

경제학이나 역사학의 어떤 책을 뒤져보더라도 이름 중의 이름이요, 인류에게 풍요와 번영을 가져다 주었던 산업왕국과 생산양식 설립자로서 포드의 이름을 만날 수 있다.

피에르 로장발롱(Pierre Rosanvallon)에 따르면 「훌륭한 선생님들이 구상해서 펴낸」 학문적 성과이자 베스트 셀러인, J. 브레몽과 A. 젤레당의 《경제사회사전》[1]을 예로 들어보자.

『포드주의 : 포드주의는 자동차 시대 최초의 대중 자동차였으며 대량 소비사회의 상징이었던 포드 T형 자동차의 발명가에게서 그 이름을 따왔다. 이것은 테일러리즘(taylorism)을 종합하고 있으며, 연속공정 원리를 창안했다. … 포드주의는 대량으로 판매될 수 있는 값싼 상품을 제조하기 위해서는 부품과 상품의 표준화가 이루어져야 한다는 생각을 도입했다. 포드는 대량생산을 촉진하기 위해서는 고임금을 지급할 것을 권장하고 있다. 이러한 고임금이 시장을 창출

1) J. Brémond et A. Gélédan, 《경제사회사전 (Dictionnaire économique et social)》, Hatier, 1981.

하는 방법이자, 수익성 있는 대량생산을 촉진하는 방법으로 인식되었다.』

포드주의는 테일러주의와 몇몇 기술적인 발견(컨베이어 시스템, 표준화)과 고임금이라는 독창적인 생각이 종합된 것으로 이해된다.

이 세 가지는 약간의 부연설명이 필요하다. 포드의 작품은 「노동의 과학적 조직화」— 세상에 이런 극찬이 또 어디 있겠는가 — 의 창시자인 프레더릭 테일러(Frederick Taylor)의 작품과 아주 긴밀한 관계가 있다. 사실 동작이 「과학적」이기를 요구하는 것 뒤편에는 노예제 폐지 이후 인간 노동의 존엄성에 가해진 가장 위중한 훼손이 감추어져 있다. 우리가 참조한 사전에 따르면 테일러주의란 분업, 즉 노동의 「합리화」에 불과하다. 사람들은 과업을 연구하고, 분리하며, 가장 효율적인 것을 선택해 이를 강요한다. 물론 생산성은 개선된다. 그러나 그에 대한 대가를 치러야 하고, 그 대가가 어느 정도인지는 아직도 측정하지 못하고 있다. 테일러와 더불어 노동은, 적어도 한 세기 동안은 인간을 피로하게 하는 불합리하고도 터무니없는 활동이 되었다. 물론 테일러주의의 이런 「뒷이야기」는 사전에 아주 막연하게만 언급되고 있다. 『엄격한 분업의 결과 노동자들은 여러 기능을 상실하게 되고 전문화된 단순 노동자 수준으로 전락하고 만다.』 사전에는 언급되어 있지 않은 것, 바로 이것이 테일러가 추구한 목표였다.

여기에서 「기능상실」이라고 아주 점잖게 명명된 것을 테일러 자신은 더욱 적절하게 표현하고 있다. 『내가 구상하고 있는 과업은 원숭이도 중간 정도의 지능만 있다면 할 수 있는 그런 것이다.』이 순수한 혈통의 「앵글로색슨계 백인 프로테스탄트(Wasp)」(테일러의 모계는 메이플라워 호를 타고 온 초기 개척민의 한 사람으로 보인다)의 혁신은 전혀 다른 야심을 담고 있었다. 근본적으로 정치적인 성질의 야심을.

19세기 말의 산업에서는 노동이 숙련공들에 의해 구상되고 실현되었다. 기계는 다용도였으며, 따라서 이러한 기계를 작동하는 것은 고도로 숙련된 노동자들의 책임 아래 있었다. 생산물 자체가 표준화되어 있지 않았기 때문에 부품을 맞추어야 했고, 따라서 생산물은 하나하나가 세상에 유일한 것뿐이었다. 이처럼 복잡한 노동으로 아주 참을 수 없는 결과가 생겼다. 우선 테일러가 강조하고 있는 바와 같은, 파렴치하기 짝이 없는 노동자들의 「빈둥거림」이었다. 이것은 그들이 일은 하지 않고 생각에 잠긴다는 사실과 관련이 있다. 이어서 이에 못지않게 파렴치한 것이 있는데, 자신의 특권적인 힘을 인식한 숙련노동자들이 강력한 직능노조를 조직해 보수를 요구하는 것이었다(미국에서는 부녀자들과 어린이들, 흑인들과 이민자들은 이러한 조합에 가입하는 것이 금지되어 있었다는 점을 지나는 길에 지적하기로 하자). 마지막으로, 아마도 이것이 가장 심각한 것인데, 고용주로서는 생산관리를 숙련노동자(「날품팔이꾼들」)의 손에 맡겨놓을 수밖에 없다는 사실이 있다.

테일러의 혁신은 일석이조였다(나쁜 의미에서). 한 편으로는 노동이 대체가능해짐으로써(파업이 효과를 보지 못하게 되었다) 아주 싼값으로 미숙련 이민자들을 대량 고용할 수 있었고, 그 동안 미국 경제가 고통받아오던 숙련노동의 부족현상을 해소할 수 있게 되었다(유럽의 숙련노동자들이 미국으로 이민갈 아무런 이유가 없게 되었다). 다른 한편으로 노동자는 자신의 기술을 박탈당했으며, 그로 인해 기업이 자신에게 종속되었던 이전의 상황과는 달리 기업에 완전히 종속되게 되었다. 이러한 두 가지 사안의 중요성에 비하면 생산성의 향상은 거의 그 체제가 가져온 「부수입」에 가깝다.

포드는 테일러의 교훈 중 본질적인 것을 계승하고, 여기에다 표준화와 컨베이어 시스템을 덧붙인다. 표준화는 노동의 기능상실이라는 작품을 완성한다. 부품의 상호교환이 완벽하게 가능해졌고, 부품이 세밀하게 선별분류됨으로써 수작업은 단순한 조립으로 축소되었다. 이렇게 함으로써 노동자 양성 문제를 떨쳐버릴 수 있게 되었다. 오직 몇 시간의 교육만으로 족하게 되었기 때문이다. 제품의 표준화라고 하는 다른 형태의 표준화는 훨씬 잘 알려져 있다. 포드가 빈정거렸던 것도 바로 이 점에 대해서다(『나의 고객들은, 색상은 검은 것으로 한다는 조건에서만 자신들의 자동차 색상을 마음껏 고를 수 있다」). 표준화를 통해 포드는 1920년대에 최고의 자동차 제조업자가 될 수 있었고, GM이 그것은 이미 한물간 원칙이라고 생각했던 1930년대에도 두번째 가는 자동차 제조업자가 될 수 있었다.

포드의 가장 뛰어난 기술적인 발견은 컨베이어 시스템이었다. 사실 테일러 시스템에는 맹점이 있었다. 즉 여전히 노동자들의 솜씨와 근로 열의에 지나치게 의존하고 있었다. 그들의 작업 속도를 높일 수 있는 유일한 방법이라고는 고작 생산성 향상에 대한 장려금을 지급하거나 성과급을 지급하는 정도였다. 게다가 비록 하릴 없이「빈둥거리는」현상이 줄었지만 비용을 상승시키는 시간낭비가 완전히 해소되지는 않았다. 실제로 노동자들은 작업을 수행하기 위해 고정된 라인을 따라 이동해야 했다. 포드가 제품을 올려놓은 채 움직이는 컨베이어를 생각해낸 것은, 『걷는 것은 봉급을 주어야 할 활동이 아니다』라는 사실을 확인함으로써 가능했다. 노동자는 한 장소에 가만히 있게 되었다. 작업의 리듬은 라인의 진행 속도에 기초해 강제적으로 부과되었다. 더 이상 장려금도 성과급도 필요하지 않게 되었다.

도대체 포드는 왜 고임금을「지급할」(우리의 훌륭한 선생님들의 표현을 다시 빌려 쓴 것이다) 생각을 하게 되었는지 궁금할 법도 하다. 그가 만든 시스템이 고임금을 강요하지도 않았고, 심지어 그것을 면

제시켜주기까지 했는데도 그가 그렇게까지 한 걸 보면, 그는 틀림없이 박애정신이 투철한 사람이었을 것이다!

상투적으로 떠다니는 이야기에 따르면, 포드는 노동자들 스스로가 자신들이 생산한 자동차를 구입할 수 있기를 원했다고 한다. 포드는 대중 소비의 발명자라고도 한다. 그러나 무엇보다도 먼저 포드 자신이 이런 이야기를 만들어낸 사람이었다. 《나의 삶, 나의 일(Ma vie, mon œuvre)》이라는 간결한 제목의 책 속에 그는 다음과 같은 유명한 문장을 남기고 있다. 『8시간의 노동에 5달러라는 일당으로 임금을 고정시킨 것은, 내가 지금까지 했던 것 중에서 가장 훌륭한 절약이었다. 하지만 임금을 6달러로 올림으로써 나는 더욱 멋진 절약을 했던 것이다.』

하지만 역사적 진실은 썩 유쾌하지 않다.

포드는 1907년 포드 T형 자동차를 선보일 당시에, 일일 5달러의 임금체계를 자신의 기타 시스템과 동시에 확립한 것은 아니었다. 그는 두 가지 중대한 문제에 봉착했다. 한편으로는 공장 작업이 쾌적하다는 소문이 너무 나는 바람에 전직(turn over)과 관련된 기록이 모두 깨지고 있었는데, 1913년에는 350%에 달했다. 즉 1만 5,000명 정원을 확보하기 위해 5만 3,000명을 모집해야 했다. 그 해 말 한 공장에서 100명을 증원하는 데 963명이 열을 지어 섰다. 또 한편으로는 미국으로 유입되어 포드나 그

『우리 공장에서는 자동차뿐만 아니라
인간들을 제조하려 한다.』
－H. 포드－

밖의 실업가들이 낮은 임금으로 고용한 대량의 무지한 이주민들이 오랫동안 무기력한 상태로 머물러 있지 않았던 것이다. 금세기 초 IWW[2]가 설립되었는데, 이는 산별노조는 아니었지만 모든 노동자들에게 개방되어 있었고, 이탈리아나 러시아의 무정부주의에 고취되어 공공연하게 혁명을 내세우고 있었다. 파업과 소요가 대단히 과격해졌다. 디트로이트의 사용자협회 사무관의 말에 따르면, 1913년의 『공장은 화약고와도 같다. 무슨 조치를 취해야 한다.』 1914년 1월 1일부터 하루 5달러의 급료체계가 확립된 것은 바로 이러한 맥락에서였다.

우리의 훌륭한 선생님들이 한결같이 잊고 강조하지 않는(그들이 알고나 있을까?) 몇몇 세부적인 이야기가 아직도 남아 있다. 5달러의 급료를 받을 권리를 갖기 위해서는 몇 가지 조건이 필요했다. 우선 6개월 동안의 장기근속기간이 필요했는데, 포드 회사에서의 평균 근속기간은 (전직 때문에) 3개월을 상회할 정도였다. 몇몇 「도덕적인」 조항 또한 요구되었다. 즉 노동자는 결혼을 했거나 부양할 부모가 있어야 했으며, 노름을 해서도 술을 마셔도 안 되었다

2) 세계 산업노동자 연맹(Industrial Workers of the World)

180

(금주령이 1918년에 시행되었다는 것을 감안해볼 때, 포드는 적어도 이 분야에 관한 한 선구자라 할 만하다). 어떤 경우든 해당 노동자는 정신적으로 의심받을 만한 상황에 있지 않아야 했다. 아, 그렇다! 우리 영웅이 지니고 있던 야심은 사업의 성공이 아니었던 것이다. 그러니 생각해보라! 거두절미하고, 그는 새로운 인간을 창조하고자 했던 것이다.

나중에 비시 정부가 나름의 의미로 다시 사용하게 되는, 동업조합의 색채가 아주 진한 격언에 따르면, 기업은 하나의 「운명공동체」여야 한다. 왜냐하면 포드는 노동의 「합리화」에다가 항상 자기 부하들의 사회적·윤리적 「규범화」를 덧붙이고자 했기 때문이다. 포드 공장에서는 컨베이어 벨트만 존재했던 것이 아니다. 고용할 시점에 종업원들에 대한 조사를 담당할 뿐만 아니라 그들을 공장 안에서나 공장 밖에서 감시하는 업무를 담당하는 「사회부」가 있었다. 『우리 공장에서는 자동차뿐만 아니라 인간들을 제조하려 한다.』[3] 이 부서는 관여하지 않는 데가 없었고, 이것이 사람들에겐 틀림없이 속박으로 느껴졌을 것이다. 따라서 그 부서 자체가 격렬한 소요를 유발했다. 그 결과 간부들조차 그에 대해 불평하게 되자 1920년 이 부서는 없어졌다.

그러나 부정적인 영향에서 벗어난, 새롭고 건전한 인간을 창조하고자 하는 야심은 헨리의 머리를 떠나지 않았다. 포드의 아류 중에는 1930년대의 히틀러

3) Henry Ford.

가 있는데, 그의 유명한 「국민차〔그 호감이 가는 딱
정벌레, 폴크스바겐(Volkswagen)〕」는 포드 T형 자동
차의 대륙식 모사품에 불과했다. 이 위대한 두 사람
은 만날 수밖에 없었다. 히틀러는 포드를 찬양했다.
덜 알려져 있기는 하지만 포드 또한 히틀러를 찬양
했다. 이들은 자동차에 관련된 일 말고도 반유대주
의라는 공통의 열정을 지니고 있었다. 포드는 심지
어 〈디어본 인디펜던트(Dearborn Independant)〉라는
신문을 창간하고는, 거기에 불온한 글을 직접 실었
고, 그 덕에 이 신문은 미국 반유대주의의 기수가
되었다.

그런데 이 모든 것이 그토록 중요한가? 일반적으
로 별다른 언급 없이 지나치는 다른 차원의 문제가
더 심각할는지도 모른다. 포드주의는 저명한 노동자
권익 옹호주의자들로부터 어떤 대접을 받았을까?
사회주의 지식인들은 OST(Organisation scientifique
du travail ; 노동의 과학적 조직화, 테일러주의)를 진
정한 의지처로 받아들였다. 20세기 마르크스주의
지식인들 가운데 가장 뛰어나고 가장 섬세한 인물
중 한 사람으로 평가받고 있는 안토니오 그람시
(Antonio Gramsci)는 『테일러주의는 집단적인 조직
속에서만 가치와 이익이 있을 수 있다는 사실을 깨
달은 훈련된 노동자들을 창조해낼 것이다』라고 평
가했다. 말하자면 공산주의적 「새로운 인간형」인 셈
이다.

『자본주의는 무엇인가?
그것은 인간에 의한 인간의 착취다.
그럼 사회주의는?
정확히 그 반대다.』

노동자의 조국 소련에 대해 이야기해보자. 소련은 포드주의를 가장 편협하게, 가장 어리석게, 가장 사악하게 적용하면서도 포드주의를 인정하지 않았다.

블라디미르 안드레프(Vladimir Andreff)[4]의 투박하기 짝이 없는 정치적 상투어를 들어보자. 『「중앙계획경제(Économies Centralement Planifiées)」의 공식 견해는 테일러주의가 사회주의 국가의 이상과 상반되는 것으로 인정하고 배격한다. 사회주의 산업에서 그것은 「노동의 과학적 조직화」라는 개념으로 대치된다. 이것이 어떤 것인지 알아보기 위해 소비에트 기업에 들어가보도록 하자. 사람들은 생산 라인에서의 작업, 일의 분담, 개인적인 작업 위치에 대한 노동자의 분배, 공정관리소에 의한 작업의 준비, 조별 작업, 다양한 기계와 엄격한 작업원칙을 지닌 규칙에 입각한 작업을 보게 된다. 이러한 조직은 생산성의 규범, 노동자들의 행동에 대한 시간측정, 성과급, 감시를 맡은 직원과 간부급 직원들에 대한 보조금 및 그 중요성에 입각한 노동자들의 경쟁-분할 시스템과 결합되어 있다.』

4) 《경제 생활의 반영과 전망 (Reflets et perspectives de la vie économique)》, Les Éditions de Moscou, 1983.

『그런데, 안드레프 씨, 그러면 자본주의는 뭐죠?』
『그것은 인간에 의한 인간 착취지요.』
『그러면 사회주의는요?』
『정확히 그 반댑니다!』

서구의 경우로 되돌아오자. 포드의 꿈은 1930년대의 대공황 속에서 깨져버렸다. 자신의 독특한 모형에 갇힌 포드는 미국인들의 새로운 욕구가 도래한 것을 알아차리지 못했으며, 「모든 지갑 사정과 모든 용도에 걸맞은 자동차를」이라는 새로운 기치를 내건 GM의 사장 알프레드 슬로언(Alfred Sloan)에게 추월당했다. 그가 이에 대응해 결국 모델을 바꾸려고 했을 때, 그의 공장 구조는 너무 육중해 거의 1년 동안이나 공장문을 닫아야 했다. 고임금의 경우, 포드는 그것을 낮추는 것 말고는 다른 방법을 찾을 수 없었다. 대중소비의 진정한 발명가는 대공황, 그리고 전쟁이었다.

도요타주의와 조편성

포드가 그의 스승 테일러를 뛰어넘을 수 있었다면, 일반적으로 받아들여지고 있는 생각에 따르면, 도요타주의를 창안해 포드를 극복한 것은 일본인 오노 다이치의 덕이라는 것이 일반적으로 받아들여지는 견해다.

모든 경제학자들은 선진국의 위기란 무엇보다도 시장의 새로운 욕구에 적응하지 못하는 고비용 생산양식의 위기라는 데 동의한다. 새로운 생산양식의 도래를 위기에서의 탈출을 알리는 구세주로 모두 환영했다. 왜냐하면 포드체제의 개혁을 위한 온갖 시도가 참담하게도 실패하고 말았기 때문이다. 엘턴 마이요(Elton Mayo)가 창안해 「직무충실화」라고 일컬어졌던 것을 예로 들 수 있다.

이 새로운 생산양식은 바람에 나부끼는 깃발과 같이 요란한 이름으로 등장한다. 올림픽 운동에서 영감을 받은 5무(五無)운동(무결점·무지연·무고장·무재고·무서류), 「적시관리시스템(just in time : JIT)」, 시대의 분위기와 어울려 「인원감축」의 필요성―이유는 차차 알게 될 것이다― 을 일깨우는 「감량생산」…. 핵심이 무엇인가? 혁신이야 수도 없이 많지만, 실제 새로운 것은 딱 하나다. 그 새로움이 솔직히 유쾌한 것이 아니라는 사실에 놀랄 것인가? 불필요한 비용을 제거해야 한다는 것이다. 예컨대, 재고·고장·결점…. 생산논리를 「뒤집어서」 시장에서부터 생산으로 거슬러 올라가야 한다. 전쟁의 진정한 신경인 정보를 기업 속에서, 그리고 주변 환경과 함께 가능한 한 빨리 순환시켜야 한다. 특히, 이것이 바로 실제 새로움인데, 근로자들을 생산과정으로 끌여들여, 그들로 하여금 제품의 품질이 바로 그들에게 달려 있으며, 기업이 납기를 지키고, 고객을 만족시키고, 이익을 실현할 수 있도록 하는 것이 바로 그들이라는 점을 이해시키는 것이다. 1980년대 들어 프랑스와 같이 문화적으로 저항력 있는 국가에서조차 이러한 노동자들의 「책임감 고취」가 대단한 아이디어로 부상했고, 품질관리(quality control : QC) 서클의 형태로 등장했다. 간부들과 노동자들이 한 자리에 모여 여러 의견을 모아 어떤 것을 개선할 수 있을지 알아보고자 한다. 토론을 거쳐 몇 가지의 제안을 낸다. 이런 일은 처음이었다. 이를 통해 도출해낸 초라한 결과를 보고 사람들은 「QC서클은 참 좋은 거야, 적어도 그 시간 동안은 일을 하지 않으니까」라고 생각하고 낮잠이나 잤던 것이다.

그러나 수용력이 더욱 뛰어난 국가에서는 책임감 고취로 완전히 다른 결과를 얻게 된다. 특히 미국에서는 이것을 적절히 이름붙여 스트레스 경영(stress management)이라고 한다.

책임감 고취의 극단적인 예를 보자. 일본에서는 그다지 유능하지 않은 간부사원들을 진정한 의미에서의 「재교육」 모임에 참가시킨다. 진짜 참선은 아니다. 약 일 주일 동안 그들은 병사들과 같은 일정표대로 생활한다. 즉 새벽 기상, 숲속 생환훈련, 공개적인 자아고백 모임, 공개비판…. 이 모든 행사는 자아비판 회의로 끝나는데, 이 자리에서 간부는 자신의 과오를 깨닫고 어린아이처럼 울음을 터뜨리는 경우가 드물지 않다. 그런 다음 그는 일터로 복귀하게 되는데, 그제야 회사는 그를 진짜로 신뢰할 수 있게 된다. 과로한 간부사원이 「돌연사」하지 않는 한 말이다. 과로사는 일본 사회의 새롭고도 염려스러운 현상이다. 유럽에서는 상황이 그 정도까지는 아니지만, 사람들은 기업의 새로운 야망이 어떤 것인지 이미 알고 있다. 『기업은 개인 운명의 주재자로서, 사랑스런 투자 대상으로서의 인간을 개발하는 장인(匠人)으로서 등장할 것이다. 그뿐 아니라 오직 기업만이 자아실현의 요구에 부응할 수 있고, 죽음에 대한 번민을 쫓아버림으로써 불멸성에 대한 모두의 갈증을 채워줄 수 있는 주체로 등장할 것이다. … 바로 이것이 욕망을 포착하고, 열정을 우회시키고, 인간의 「존엄성」을 타락시킴으로써 기업이 할 수 있게 된 것이다.』[5]

5) N. Aubert, in
《관리의 발명,
역사와 실제
(L'Invention de
la gestion.
Histoire et
pratiques)》,
L'Harmattan,
1994.

7

실업, 오, 절망이여…

적군에 포위된 콘스탄티노플에서 사람들은 쓸데없고 한가한 논쟁으로 시간을 흘려보냈다. 무엇 하나 제대로 되는 게 없는 초가을의 유럽과 프랑스에서… 고위 책임자들은 근본적인 변화를 수용하는 최선의 방식에 대해 현학적으로 논의하고 있다. 그들은 이제 내파(內破)의 운명에 처한 낡은 틀로는 그 근본 변화를 분석하고 싶어하지 않는다.

— 앙드레 고르, 자크 로뱅(André Gorz, Jacques Robin)—

경제학이 인류에게 큰 도움을 줄 수 있는 분야가 있다면 그것은 실업(失業)이라는 분야다. 사실 실업은 아주 사소하고 구체적인 제안만으로도 경제학자가 사회 전체로부터 확실한 인정을 받으면서 자기 능력을 펼칠 수 있는 가장 이상적인 영역이다. 실업에 대해 경제학자들은 뭐라고 말하는가?

우리 경제의 본질적인 성격과 변화에 관련된 이 근본적인 수수께끼에 그들은 어떻게 접근하는가? 이 주제에 대해서는 정말이지 무수한 이론과 접근, 분석이 있어왔다. 실업에 대해서는 모든 것이 이야기되었다. 그 모든 것에 대한 반론까지도…

실업의 두 측면

　오랫동안 우리는 경제사상 분야의 두 가지 지배적인 학설, 즉 자유주의와 케인스주의에서 비롯되는 전혀 상반된 두 가지 접근방법으로 만족해왔다.

　자유주의적인 접근은, 실업이 노동시장의 온전치 못한 작동의 결과일 뿐이라고 생각한다. 따라서 실업 극복의 노력도 노동시장이 제대로 작동할 수 있는 조건, 특히 가격의 진리라는 근본적인 측면에서의 조건을 노동시장에 회복시켜주려는 의지로 요약된다. 실업이 생긴다면, 그건 노동의 공급(노동자들)이 수요(기업들)를 초과하기 때문이다. 이런 상황에서는 오직 임금의 하락만이 노동 수요의 증가를 가져올 수 있을 것이다. 어떤 상품이라도 그렇듯이, 노동 역시 과잉 공급일 때에는 오로지 가격을 낮춤으로써 판로를 확보할 수 있다. 그런데 임금 삭감은, 주류 자유주의가 하나하나 차례로 제거하려고 애쓰는 일련의 장애물에 부딪치게 된다. 어떤 업종의 특별히 유리한 단체협약, 기업의 사회보장 부담금(사실 이것은 임금이 사회복지화한 부분일 뿐이다), 또는 저임금의 하락을 막음으로써 결국은 모든 임금의 하락을 막는 제동장치 역할을 하는 최저임금(양보할 수 없는 최종 가격이지 최저 가격이 아닌) 따위가 바로 그 장애물이다.

다른 하나의 접근방법은 1929년의 공황으로부터 특별히 케인스가 이끌어낸 교훈에서 유래한다. 고용 수준은 노동시장의 조건에만 달려 있는 것이 아니다. 실제로 고용 수준을 결정하는 것은 궁극적으로 재화와 서비스 수요의 수준이다. 실제로 기업의 고용은 임금 수준에 따라 이루어지기보다는 자신들이 시장에 내다 팔 수 있는 생산량에 따라 이루어진다. 판매가능한 생산량은 당연히 구매력, 그러므로 임금과 상관관계에 있다. 결론적으로 실업을 물리치기 위해서는 임금이 올라야 한다. 그 대부분이 소비활동에 사용되는 저임금의 경우가 특히 그렇다. 1929년의 끔찍한 공황을 겪은 뒤로 이러한 접근방법은 당연한 것으로 받아들여졌다. 실제로 1929년의 공황 기간 동안 임금의 하락은 고용 회복을 유발하기보다는 적나라한 디플레이션, 즉 물가와 임금의 동반 하락으로 특징지어지는 가혹한 위기로 귀착되었다. 한쪽이 다른 한쪽을 유발시키는 원인으로 상호작용했던 것이다. 이 위기로부터 서구가 이끌어낸 교훈은 잘 알려져 있다. 그 교훈은 「영광스런 30년」의 후생경제학의 토대를 이루었다. 고임금, 대량 소비, 노사 평화, 국가의 결정적인 역할 등이 그것이다.

우리가 사반 세기 전부터 겪고 있는 위기는 바로 이 시스템의 위기다. 1970년대에 위기의 첫 징후가 나타났을 때 그에 대한 극복 노력은 케인스 이론의 틀을 엄격히 고수하면서 이루어졌다. 실업이 증가하기 시작했을 때, 선진국들의 한결같은 대응은 일자리를 잃은 실업자라도 최소한 구매력은 유지할 수 있도록 하는 것이었다(이 방법은 그 후로 「실업에 대한 사회복지적인 처방」이라 불렸다). 나아가 수요를 활성화하려는 시도가 이루어졌다. 잘 알다시피 그 결과는 높은 실업, 공공 재정의 막대한 적자, 국제 통화의 혼란이 겹쳐진 전반적인 인플레이션이었다.

1981~83년에 이르는 모루아(Mauroy) 정부의 시도는 케인스주의의 최후의 작품이었다. 소비를 통해 경제를 활성화시키려던 의지는 외부적인 제약이라는 암초에 부딪쳤고, 결국 케인스주의는 난파하고 말았다. 다른 나라들은 갖은 수단을 써서 긴축을 하고 있는 터에 한 나라가 경제활동을 부양시킨다면, 필연적으로 활력을 수출하고 더 많은 실업과 인플레이션을 수입하는 결과에 이를 수밖에 없다. 그리고 무역과 재정상의 적자, 그에 불가피하게 뒤따르는 평가절하를 감내해야 한다.

실업자의 선택

암초에 부딪친 위기의 케인스주의가 좌초하자, 그 라이벌인 자유주의는 마음껏 자기 방식으로 문제에 접근하게 되었다. 실업은 노동시장의 기능을 통해서만 설명될 수 있다는 생각을 다시 받아들여 사람들은 노동시장을 움직이고 있는 톱니바퀴들의 분석을

일자리를 찾는 것이 일이다.
일하기 위해서는 대가를 지불해야 한다.

시도했고, 이 과정에서 아주 다양한 시각을 이끌어 냈다.

조지 스티글러(George Stigler)의 이론〔이른바 구직 이론(job search)〕에 따르면, 실업자가 처한 상황은 선택이라는 관점에서 분석되어야 한다. 여전히 합리적인 존재인 실업자는, 소득 결핍이라는 「비용」과 앞으로 만족스러운 경제활동이 자신에게 가져다 줄 이득을 비교한다. 그러나 실업자가 만족스러운 직업을 얻기 위해서는 정보비용이라는 또 하나의 비용을 감내해야 한다. 「정보 생산」 또한 하나의 생산인 까닭에 생산을 지배하는 법칙으로부터 예외일 수 없다. 불안한 심정으로 수도 없이 구인광고를 읽는 실업자로서는 E. 펠프스(E. Phelps)의 다음과 같은 정의(定義)가 자신의 행위에 관련된 것임을 이해하기 어려울 것이다. 『정보 생산은 정보 수집에 쏟은 시간과 증가함수 관계에 있지만, 정보의 효율이 갈수록 떨어지기 때문에 생산성은 반비례한다.』[1] 따라서 자신의 상황이 합리적인 기준에서 최적인 한, 실업자는 일을 하지 않는다. 「정보 생산(구직 행위)」의 효율이 이제 보잘것없음을 깨달았을 때, 마침내 그는 일을 하기로 마음먹을 것이다.

1) Gérard Duthil, 《고용과 실업의 경제학(Économie de l'emploi et du chômage)》, Ellipses, 1994.

1992년 노벨상 수상자인 베커는「인적 자본」이
론을 발표함으로써 근본적인 혁신을 가져왔다. 언제
나 합리적인 존재인 개인은 평생토록 자기 개발·건
강·교양에 투자한다. 그러한 투자의 적절성 정도가
일자리와 급여의 수준을 결정할 것이다. 따라서 실
업에 대한 설명은 간단하다. 『개인적인 인적 자본의
개발 부족이 일정한 경제활동 인구를 실업으로 이끈
다.』 그리고 해결책도 아주 간단하다. 『이런 형태의
실업에 대한 유일한 처방은 개인적인 처방일 것이다.
구인의 요구 사항에 맞추기 위해 모든 개인이 자기
계발에 완벽을 기해야 할 것이기 때문이다.』[2] 그러
므로 이 경우에도 실업은 실업자의 선택에 달려 있
다. 지식의 획득과 생산활동 사이의 시간 배분을 결
정하는 것은 각 개인이니까. 경제학의 그러한 제안
을 요약하자면, 요컨대 일거리를 찾는 것도 일이라
는 것, 그리고 일자리를 갖기 위해서는 투자를 해야
한다는 것이다. 요컨대, 일하기 위해서는 대가를 치
러야 한다는 것이다.

베커의 접근은 숱한 반향을 불러일으켰다. 당연히
그의 이론을 검증하려는 시도가 이루어졌는데, 그
결과는 어중간한 것이었다. 특히 시장의 차별과 분
할이라는 두 가지 현상이 그의 이론과 모순되었다.
예컨대, 차별은 동등한 자격의 여성에게 낮은 임금
을 받게 만든다. 하지만 그것이 그의 이론과 모순되
는가? 아니올시다. 『인적 자본 이론은 성별 간

2) Duthil, 앞의
책.

194

급여 차이의 타당성을 증명할 수 있다. 사실 여성들은 남성들보다 일생 중 적은 시간을 상품 노동에 할애한다. 그러므로 여성들에게는 생산을 목적으로 인적 자본에 투자하게 만드는 유인(誘因)이 상대적으로 적다. 그러한 투자의 차이가 임금 수준의 차이로 나타나는 것이다.』좀더 넓은 의미의 차별, 특히 인종적인 차별에 대해서는 베커와 펠프스, 또는 케네스 조지프 애로(Kenneth Joseph Arrow)의「분리 이론」에 힘입어 인종 차별이 비합리적인 편견이 아니라는 결론에 이르는 완벽한 모델이 세워졌다. 그들은 다음과 같은 재미있는 고찰도 하고 있다. 예컨대, 기업가는 차별받는 집단의 노동자들 또는 그렇지 않은 집단의 노동자들 중 어느 한쪽만을 고용하는 것이 바람직하다. 어떤 식이든「중간적인 구성은 결과가 덜 좋기」때문이다. 차별 또한「합리적인」선택이다. 어떻든 간에, 미국의 흑인들이나 프랑스의 외국인들이 평균보다 높은 실업을 겪고 있다면, 그건 그들이 인적 자본에 충분히 투자하지 않았기 때문이다. 게다가 그들은 자기 일에 대한 열의가 아주 부족하다. 『승진의 기회가 없는 불안정한 일자리에는, 사람들 자체가 불안정하고 직장생활에 대한 애착이 거의 없는 노동자들이 어울린다(C. Sofer).』결국 이 학자들은 노동계약의 개념 자체를 새롭게 정식화하기에 이른다. 그것이 이른바「암묵적인 계약 또는 효율성 임금가설(G. Akerlof)」이다. 오늘날 기업으로서는 일에 대한 피고용인들의 열의를 북돋는 것이 상당한 득이 된다. 경제학자들은 「X」요인, 즉 동등한 조건에서 어떤 기업들에게는 돈을 벌게 해주고 다른 기업들에게는 손해를 보게 만드는 그 「플러스」요인을 찾기 시작했다. 세세한 내용은 생략하고 결론만 말하자. 노동자는 기업가가 자신을 채용하는 것이 (경우에 따라서는 이론적인 평균값보다 고임금으로) 「시혜(施惠)」라는 사실을 알아야 한다. 따라서 그에 대한 보답으로, 표준값의 생산성을 능가하려고 애써야 한다. B. 레이노(B. Reynaud)에 따르면, 『사실상 노동계약은 상호 혜택의 부분적인 교환으로 간주된다.』 이런 식의 정의는 예전에 실업을 「산업예비군」이라 표현한 바 있는 마르크스라는 사람의 분석을 어렴풋이 상기시켜준다.

이 모든 이론에서 암암리에 읽어낼 수 있는 공통상수가 하나 있다. 실업이 존재한다면, 그건 결국 실업자의 잘못이라는 것이다. 그러니까 우리는 루카스와 「실물적 경기순환」 지지자들에 의해 다시 시류를 타게 된, 낡은 자유주의적 발상과 재회하고 있다. 즉 실업은 도처에 있고 항상 자발적 실업이라는 것.

실업은 다형성(多形性)의 재앙이다

실업에 대한 미시경제학적인 분석을 새롭게 재평가하느라 자유주의자들이 골몰하고 있는 동안, 상대적으로 케인스적인 준거틀 안에서 또 하나의 접근이 이루어졌다. 프랑스 안에서 이른바「불균형」학파를 대표하는 에드몽 말랭보(Edmond Malinvaud)의 실업이론이 그것이다. 그 쪽 계보의 좌장 노릇을 하는 경제학자는 흥미로운 아이디어를 지니긴 했지만, 리옹후프부드(Lijonhufvud)라는 그의 이름은 솔직히 기억하기가 쉽지 않다.

말랭보는 뭐라고 말하고 있는가? 실업은 가격의 경직성(재화와 서비스 시장에서 가격은 수요-공급의 변동에 어렵게, 그리고 뒤늦게 적응한다)에 기인한다. 지금 이 자리에서 설명하기는 곤란한 경로를 거쳐, 가격의 경직성이 고전적인 실업과 케인스적인 실업이라는 두 가지 형태의 실업으로 귀결된다는 것이다.

서로 다른 원인에서 생겨나는 이 두 가지 형태의 실업은 전혀 상반되는 치유책을 각각 필요로 한다. 고전적인 실업은 기업의 수익성 결여에서 유발되는 것이기에, 임금의 삭감을 불가피하게 만든다. 수요의 부족 때문에 유발되는 두번째 실업은 임금의 상승을 통해서만 억지될 수 있을 것이다. 문제는 이 두 가지 실업을 식별하기가 어려울 뿐만 아니라, 두 가지가 동거할 수도 있다는 점이다. 따라서 잘못된 치유책은 단순히 문제를 해결하지 못하는 정도가 아니라 문제를 악화시키리라는 것이 분명해진다. 1980년대에 그 한쪽에서 다른 한쪽의 정책으로 옮아간 프랑스가 아마 그 함정에 빠졌을 것이다. 결단코 문제는 복합적이다. 그 어느 때보다도, 지나치게 단순한 분석을 경계해야 한다. 예컨대, 노벨상 수상자인 모리스 알레(Maurice Allais)의 분석이 그런 경우다. 『사실 오늘날 우리가 목도하고 있는 실업의 주된 원인은 무역의 자유화다.』[3] 그러나 프랑스의 개방 정도와 성격을 고려한다면, 고용의 주요 인자 중 하나가 무역의 자유화라고 그에게 대꾸해도 크게 틀리지는 않을 것이다.

실업과의 싸움 : 또 하나의 콩쿠르 레핀[4]

실업을 물리치는 방법을 둘러싸고 끊임없이 쏟아지는 아이디어, 그리고 매번 최종적인 것이 되고자 하는 아이디어보다 경제 분야에서 더 흥미진진한 것은 없다. 사반 세기 전부터 그 피할 수 없는 과업에는 하루도 빠짐없이 새로운 기여가 더해져 왔다. 분명한 것은, 그 어떤 경제적인 문제도 그처럼 많은 수단과 조처, 법률과 법령을 생겨나게 하지는 않았으리라는 사실이다. 여러 정부가 실행에 옮긴, 꼽으려면 열 손가락이 필요한 기묘한 여러 가지 발상을

3) 「일어나야 할 일은 일어난다 (Ce qui doit arriver arrive)」, 〈Commentaire〉, 77호, 1997.
4) [역주] Concours Lépine, 1902년부터 열리고 있는 「프랑스 발명가·제작가 협회」의 연례 전시회.

여기에서 다 나열할 엄두는 나지 않는다. TUC, SVIP, 인턴사원제, 대체 직업교육, 로비앵(Robien) 법(法)… 등등. 다만, 그러한 몇몇 아이디어의 천재성을 생각할 때, 어떻게 여전히 실업이 존재할 수 있는지 의문이 생긴다는 점만 말하기로 하자.

1976년 시즌의 가장 뛰어난 프랑스 경제학자인 레이몽 바르(Raymond Barre)의 경우 해법은 간단했지만(『그렇습니다! 실업자들은 실업수당을 받는 것으로 만족하기보다는 차라리 기업을 만들어볼 생각을 해야 합니다』), 언제나 그래왔듯이 실업자들의 무관심에 부딪쳤다. 좀 덜 알려진 고안자들이라고 해서 상상력이 부족한 것은 아니다. 예컨대, 《고용 창출을 위해 사회를 바꾸자》[5]라는 책에서 마르셀-마르크 펠드망(Marcel-Marc Feldman)은, 해고의 위기에 처해 있는 봉급자들에게 일자리를 보전해주자고 단호하게 제안하고 있다. 『그들로 하여금 더 나은 날들을 기대하면서 계속 일하게 하고, 그들의 임금은 상공업고용촉진협회(Assedic)가 지불하면 될 것이다.』 그는 또 「최저 임금(SMIC)의 65%를 지급하는, 20년 기한의 육아 휴가」[6]라는 급진적인 계획을 고안하기도 했다. 마들랭의 해결책도 그에 못지않게 급진적이고 박력에 넘친다. 『요컨대, 실업의 치유책은 고용을 창출하는 것이다.』

5) M-M. Feldman, 《Changeons la société pour créer des emplois》, Éd. Michel de Maule, 1997.
6) 〈르몽드〉, 1997년 3월 5일자.

직업에는 귀천이 없다

　1997년 1월 20일 마들랭은 「새로운 일자리를 위한 밤」을 기획한다. 실업과의 싸움이 별무 신통인 이유가 오로지 상상력의 결핍에 있다고 생각한 모양이다.

　「창의적인 것으로 이름 난」[7] 기업주, 언론인, 계획의 실행가능성을 즉석에서 판단할 수 있을 「전문가들」 앞에서, 실업이라는 재난을 물리치기 위한 아이디어가 한도 끝도 없이 펼쳐졌다. 그 중 가장 야심적이고 상상력이 풍부한 계획만 열거해보자. 「상인들에게 미소를 훈련시키는 직업」, 「운전자들에게 앉는 방법을 가르치는」 물리치료사, 도심지 쇼핑 대행인, 별장의 아침 식사 배달인 등이 있다. 제일 장난스러운 아이디어는, 자신의 회사를 세우는 방법을 가르치는 게임을 만들자는 아이디어였던 듯하다. 정말 급진적이다.

　이 모든 것이, 마들랭이 강조한 것처럼 『하찮은 직업이라며 손등으로 물리쳐버리는 것은 온당치 않은』 일임을 반성하게 해준다. 중소기업 총연맹(Conféde ration géneral des petites et moyennes entreprises : CGPME)의 회장인 뤼시앵 르뷔펠(Lucien Rebuffel) 역시 같은 생각이었던 모양이다. 젊은이들의 고용을 위해 쥐페가 마티뇽(Matignon : 프랑스 총리 관저)에서 주최한 강연회에서, 학생단체인 프랑스전국학생

연합 독자민주조직(UNEF-ID)의 의장이 『젊은이들
은 이제 맥도널드에서 오이의 굵기나 재고 있어야
할 판』이라고 불평했을 때, 그의 대꾸는 이것뿐이었
다. 『직업에는 귀천이 없습니다.』 직업도 귀천이 없
고, 취업의 방법에도 귀천이 없다. 예컨대, 스트라
스부르 저축 은행은 여덟 명의 실직자를 파리-가오-
다카르 일주 경보(競步) 경기에 참여시키기로 결정했
다. 은행장인 롤랑 올만(Roland Ohlman)은 자신들
의 아이디어를 이렇게 설명한다. 『미래의 신입사원
들에게 사막에서의 시련을 겪게 한 다음, 그 결과를
보고 결정하는 것이다. … 준비된 일자리는 기한 안
에 결승점에 도착하는 사람들에게 주어질 것이다.
경기 도중에 포기하는 사람들은 다시 국립고용사무
소(ANPE)로 출근 도장을 찍으러 가게 될지도 모른
다. … 그렇지만 냉혹하게 할 생각은 없다. 정당한
사유로 기권하는 경우에는 우리도 인간적으로 판단
을 내릴 것이다.』[8] 실직자들은 그야말로 녹초가 될
판이다. 하지만 실직자로 계속 남고 싶지 않다면,
국립고용사무소에서 주요한 직책을 맡고 있는 전문
가들의 충고를 실직자들은 새겨들어야 할 것이다.
『오늘날에는, 상상력과 창의성이 취업 또는 재취업
을 위한 첫번째 필수 조건입니다.』[9]

또 다른 실업의 세계

　실업에 맞서는 좀더 근본적인 다른 방법이 하나

8) 〈사슬에 묶인
오리(Le Canard
Énchaîné)〉,
1989년 1월
[역주] 통렬한
풍자를 특징으로
하는 프랑스의
신문).

9) G. Lemoine et
P. Liège,
《취업을 위한
27가지 제안(Les
27 activités pour
trouver un
emploi)》,
Nathan, 1997.

있다. 실업의 은폐, 실업자를 비실업자로 위장하는
조작이 그것이다. 알려져 있는 방법이긴 하지만, 그
규모는 아주 과소평가되고 있다.

연수생, 조기은퇴자, 직종 재배치 약속의 수혜자,
인턴제 사원으로 위장한 실업자들이 있음을 우리는
안다. 또한 긴 기간 동안은 아니지만, 징집병으로
위장한 실업자들이 있다. 시간제 노동자는 그 나머
지 시간에는 실업자인 것이 사실이다. 일자리 찾기
를 포기한 여성은 (다시)「가정 주부」가 되어, 통계
에서 빠진다는 사실도 우리는 알고 있다.

「소득과 비용 연구소(Centre d'études des revenus
et des coûts : CERC, 발라뒤르 정부 시절에 해체되었
다)」의 연구를 인용하면서, J.-M. 베자(J.-M.
Bezat)는 『실업자란 무엇인가? 그런 식의 질문은
삼가해야 한다』고 적고 있다.[10] 그의 연구에 따른다
면, 프랑스의 실업 인구는 300만이 아니라 500만이
될 것이다. 전임 노동부 장관인 자크 바로(Jacques
Barrot)가 말했듯이, 500만이라는 수치는「아주 바
람직하지 못한 부풀리기」의 결과일지도 모른다. 그
러나 공식적인 수치가 지나친「축소」의 결과일 수도
있다.

그런데 이제는 다른 종류의 은폐와 위장의 방법이
존재한다. 노동연령 인구의 2%가 감옥에 가 있는
미국의 방법이 있고, 덜 알려져 있긴 하지만 최근
들어 아주 낮은 수준의 실업률을 보이고 있는 영국

10)「실업수치와
현실(Leschiffres
du chômage et
la réalité)」,
〈르몽드〉,
1997년 2월
21일자.

202

과 네덜란드의 방법이 있다. 실업대책의 「본보기」로 차례 차례 부상한 이 두 나라에서, 주의 깊은 관찰자들은 이상 야릇한 현상 하나를 지적했다. 실업자의 수치가 내려갈수록 올라가는 수치가 하나 있었는데, 「근로 부적합자」의 수치가 바로 그것이다. 네덜란드의 경우가 좀더 두드러진다. 7%의 실업률은 적어도 부분적으로는, 시간제 노동의 엄청난 확산(660만 경제활동 인구 중에서 250만이 시간제 근로자다. 38%라는 기록적인 수치!)의 결과이거나, 1994년 기준으로 주당 29시간에 그치고 있는, 논리적으로 생각해도 너무 짧은 근로시간(남자는 33시간, 여자는 23시간)의 결과일 것이다. 또 다른 측면에서는 지나치게 높은 근로 부적합자 수치의 결과이기도 할 것이다. 85만 명의 네덜란드인들이 실업자라는 신분보다는 사회적으로 덜 불명예스러운 근로 부적합자라는 지위를 누리고 있다. 그래서 실업자는 50만을 넘지 않는다.

노동의 종말이라는 유령

신들은 시시포스(Sisyphe)를 벌했다…
무익하고 희망 없는 노동보다 끔찍한 벌은 없다는
그들의 생각은 그리 틀리지 않은 생각이었다.
— 알베르 카뮈(Albert Camus)—

사람들이 실업 문제에 대한 수백번째의 또 다른

사람들이 삽을 생산하려고 애를 쓰는 것은, 맨손으로 땅을 파는 일을 피하기 위해서다.

해결책을 모색하고 있는 동안, 좋은 시절이 다시 오리라는 바람 속에서 졸음에 빠져 있는 우리 사회에 이상한 소문 하나가 돌고 있다. 미국과 프랑스의 경제학자들, 사회학자들, 심지어 고급 관료들까지도, 자신이 말해놓고 나서 그 대담함에 스스로도 놀라게 되는 생각 하나를 넌지시 제시하고 있다. 다름 아니라 실업자가 1,000만 명을 헤아리는 세계에서 「노동의 종말」[11]을 예고하고 있는 것이다. 그렇다면 실업의 재난은 우연한 것이 아니고, 실업 정책의 실패 또한 불가피한 일일 것이다. 그러한 명제는 경제학의 전통 원리를 지지하는 사람들에게는 충격적일 수밖에 없는 것인지라, 이에 대해 그들은 한결같이 단호하고도 결정적인 거부 의사를 표명하고 있다. 우리로서는 그런 주장이 논의해볼 가치는 있다고 생각한다. 「새롭게 밝혀진」 어떤 진리를 담고 있지는 않다 하더라도, 오늘날 경제 변화의 중요한 수수께끼를 풀 수 있는 풍부한 문제의식은 분명히 지니고 있기 때문이다. 경제학적 지식의 핵심적인 사기가 그 위에 드리워져 있는 수수께끼 말이다.

11) Jeremy Rifkin, 《노동의 종말(La Fin du travail)》, La Découverte, 1996 ; Dominique Méda, 《노동, 사라져가는 가치(Le Travail, une valeur en voie de disparition)》, Aubier, 1995 ; André Gorz, 《노동의 변모, 의미의 추구(Métamorphoses du travail, quête du sens)》, Fayard, 1994.

덜 일하기 위해 더 일한다

　노동의 첫째 목표는 노동을 절약하는 것이다. 그러므로 노동의 목표는 노동의 종말이라고 말할 수 있다. 사람들이 삽을 생산하려고 애를 쓰는 것은, 맨손으로 땅을 파는 일을 피하기 위해서다. 추측건대, 트랙터를 제작하는 것은 삽으로 땅을 일구지 않기 위해서다. 경제학자들은 이러한 원리를 「생산의 우회」라고 부른다. 노동은 욕구를 우회적인 방식으로 충족시키는 경향이 있다. 내가 물이 필요할 때, 내게 주어지는 해결책은 두 가지다. 매일 샘으로 물을 길러 가거나(직접적인 해결), 아니면 수로를 건설하는 것(우회적인 충족)이다. 첫번째 것이 더 적은 노동을 필요로 하지만(오늘), 만족 또한 덜한 것이(내일) 사실이다. 두번째 해결책이 더 바람직하다. 더 적게 일하고 더 많은 만족을 얻으려면(내일), 오늘은 더 많이 일해야 하는 것이다. 이 법칙이 한 세대 이상 경제학자들을 오류에 빠지게 만든 그릇된 관점의 뿌리다. 알프레드 소비(Alfred Sauvy)가 주장하는 이른바 「방출」의 법칙. 한 분야에서 소멸된 일자리는(예컨대, 물 배달) 다른 분야에서 좀더 풍부한 일자리로(수로 건설, 그리고 석재 운반에 필요한 트럭 제작 등) 대체된다는 것이다. 최근 2세기 동안 이 법칙은 실제로 구현되었다. 이농은 인구증가, 이민과 함께 일자리의 엄청난 증가(우선은 2차산업 분야에서, 그 다음에는 3차산업 분야에서)를 뒷받침해주었다. 농업 생산인구가 줄어드는 동안 공업과 서비스 생산인구는 증가했다. 이러한 선순환(善循環), 즉 「창조적인 소멸」은 서구에서 1970년대 초의 경제위기가 닥치기까지 계속되었다. 이 때부터는 농업 인구와 마찬가지로 산업 인구도 감소하기 시작했다. 그 이후로 오랫동안, 선진국들이 유일하게 창출해낸 순수 증가분 일자리는 3차산업 분야의 일자리다. 미국은 전체 생산 인구의 25%, 영국은 20%가 2차산업 분야에서 일하고 있다.

모차르트를 좋아하세요?

이제 우리는 볼프강 아마데우스 모차르트(Wolfgang Amadeus Mozart)에 대해 말하려고 한다. 농업 생산, 공업 생산, 3차산업 생산 사이의 큰 차이는, 이것들이 같은 정도의 생산성 증가를 획득할 수 없다는 점이다. 물리적 재화의 생산은 기계화를 통해 거듭 신속하게 발전할 수 있다. 반대로 3차산업의 경우에는, 그 목표가 생산물을 파는 것이 아니라 노동 그 자체를 파는 것이기 때문에, 생산의 소요 시간을 줄일 수 없다. 보몰(Baumol)은 모차르트 협주곡의 이미지를 사용해 이러한 발상을 유명하게 만들었다. 테크닉의 발달에 관계없이, 모차르트 협주곡의 연주는 언제나 한 시간이 걸린다. 이 분야에서 생산성의 증가는 문제가 되지 않는다. 물론 음악가들이 한 도시에서 다른 도시로 점점 더 빨리 이동할 수는 있겠지만, 일단 무대에 나서기만 하면 한 시간은 언제나 한 시간이다. 물론 수없이 다양한 3차산업이 있다. 이 분야에서도 어떤 업종은 일시적으로 놀라운 생산성 증가를 기록할 수 있다. 성격상 2차산업에 가까운 업종, 예컨대 분류, 취급과 운반, 관리 업종, 패스트푸드 업종 따위가 그렇다. 이런 분야에서는 기계화가 제몫을 한다. 이들 직업은 예전의 타자수나 요즘의 주유소 급유원의 전철을 따르게 될 것이다. 기술의 진보가 작업을 서서히 향상시키는 것이 아니라, 일거에 일을 없애버리는 것이다. 생산성을 측정조차 할 수 없는 직업이 있는데, 그 수효는 점점 증가하고 있다. 야간 순찰원의 생산성이란 무엇인가? 「주간 순찰원」인 학교 선생의 생산성이란 무엇인가? 연구원의 생산성은? 경제학자는 여기에서 막다른 골목에 다다른다. 그 막다른 골목이 「보몰의 질병」이다. 경제의 역학은 3차산업으로의 노동 이전을 수행한다. 그런데 점점 더 비중이 커지는 3차산업(미국 생산인구의 70% 이상)은 또한 생산성 증가가 가장 더딘 경제 분야이기도 하다. 그리고 바로 이 가장 덜 역동적인 분야가 소득과 노동력의 대부분을 흡수하고 있는 것이다. 여기에서 두 가지 주요한 현상이 발생한다. 어떤 사람들은 서구 사회가 보여주는 주기적인 인플레이션의 경향을 그 현상으로써 설명하고 있다. 오랫동안(그리고 오늘날까지도) 사회적 지위와 관련된 이유로 해서, 3차산업 직종의 소득은 2차산업이나 1차산업에 비해 높았다. 2차산업의 임금이 오를 때, 3차산업의 임금도 오른다. 그러나 문제는, 2차산업의 생산성은 증가한 반면에 서비스 산업의 생산성은 정체되어 있었다는 점이다. 그러니까 3차산업은 부(富)보다는 오히려 구매력을 산출한다. 두번째 현상은 3차산업의 발달이 방출(déversement)의 순기능을 깨뜨려버렸다는 것이다.

일자리의 소멸이 더 많은 일자리를 만들어내는 선순환의 중심에는 지속적인 생산성 향상이 자리잡고 있었다. 생산성의 원천이 고갈되는 순간부터, 생산성 증가에 의존하는 집약적 성장은 더 많은 일자리(그러나 노동의 질과 보수가 떨어지는)에 의존하는 팽창적 성장으로 바뀐다. 지금 미국이 처한 상황이 그렇다. 그리고 유럽도 이미 그런 상황에 있다. 다만, 똑같은 현상으로부터 이끌려 나온 상이한 결과가 두 대륙을 구별짓고 있다. 미국에서는 노동이 평가절하되고 보수체계가 무너져버렸다. 유럽에서는, 임금수준은 유지되었지만 고용이 무너져버렸다. 실업이 조절장치 역할을 한 것이다. 서비스 분야 중에서도 양 대륙 모두 두드러지게 침체된 분야(보건이나 교육처럼)에 대한 처리 방식도 서로 달랐다. 미국이 무조건적인 포기를 택한 반면, 유럽은 점점 더 막대해지는 공공 적자를 무릅쓰면서도 유지를 택했다. 정

확하게 말해, 미국이 포기한 것은 그런 서비스의 공
공 관리다. 민간 분야로 되돌려지자, 이들 서비스의
엄청난 비용이 현실로 드러났다. 암 전문 의료기관
의 하루 입원비는 프랑스에서나 미국에서나 5만 프
랑이다. 그렇지만 사람들이 그런 종류의 서비스에
접근할 수 있는 방식이 서로 다른 것이다.

노동의 종말과 국가의 소멸

비잔틴 주민들은 돈이 궁해지자 공공 재산인 신성한 장소들을 팔았다.
- 아리스토텔레스, 《경제학》-

얼마 전부터 우리는 공공 기업과 행정도 효율성이
라는 절대적인 요청에 따라야 한다는 말을 많이 들
어왔다. 그 분야의 낭비를 지적하는 것은 온당한 일
이다. 그 분야에서 일하는 「특권자들」을 겨냥한 공
격이 아직도 귀에 생생하다. 맹은 아연실색할 정도
로 논조를 바꾸어, 망설이지 않고 이렇게 말한다.
『서비스 산업이 생산성 부족 현상을 보이는 이유는
서비스 산업의 본질적인 성격 때문이 아니라, 그 작
동 방식 때문이다. 통계적으로 볼 때 서비스 산업의
절반 이상이, 생산성이 극히 취약한 국가 기능 또는
복지국가 기능으로 이루어져 있다. 따라서 관료조직,
인사 규정, 사고 방식과 행동이 절대적인 요소로 작
용한다.』[12] 국가가 관리하기 때문에 서비스 산업의
생산성이 낮다는 것이다. 오히려 우리가 보기에는

12) Alain Minc,
《평등주의
기구(La
Machine
égalitaire)》,
Grasset, 1987,
p. 46.

자유주의 학설에 따라 서비스 산업의 생산성이 낮기 때문에, 국가가 그것을 관리해온 것이다. 따라서 국가의 소멸을 요구하는 요란한 목소리들은 참으로 기이하게 들린다〔서구의 자유주의자들이 마르크스주의자가 된 것일까? 마르크스가 막연한 미래의 일로 국가의 소멸을 예고했다면, 앙리 드 보디나(Henri de Bodinat)는 클럽 메드(Club Med) 경영자로서 자신의 경험을 내세우면서 「제로 국가(Zéro-État)」에 대한 희망을 서슴없이 피력한다!〕.[13]

국가를 문제삼는 이러한 논리는 노동을 핵심 쟁점으로 삼는 논리와 유사하다. 국가와 노동은, 고도의 생산성에 이르는 것이 또한 스스로의 소멸을 향해 가는 첫걸음이 된다. 그들과 대립적인 위치에 있는 시장은 국가와 노동을 오로지 비용으로서 간주한다. 본능적으로 임금의 삭감이나 사회보장 부담금의 삭감 중 하나를 요구할 때, 기업들은 결코 순진하지 않다. 그들은 두 가지가 결국 마찬가지라는 점을 잘 이해하고 있다. 한 가지 차이점, 그러나 아주 중요한 차이점만 빼고 말이다. 국가가 총체적으로 무익하고, 기생적이고, 낭비적이고, 과잉이라면, 노동은 똑같은 결함을 개별적으로 드러낸다. 분별 있는 자유주의자라면 누구라도, 어쩔 수 없이, 국가는 어떤 식으로든 아직은 필요하다고 말할 것이다. 현실적으로 우리 눈앞에서 벌어지고 있는 국가의 합법적인 해체는 국가의 발언권을 극소화하려는 의지의 결과

13) Henri de Bodinat, 《국가는 역사 속의 삽화인가? (L'État parenthèse de l'histoire?)》, Éd. PAU, 1995.

일 따름이다. 민영화를 통해 시장은 되찾을 수 있는 모든 것을 국가로부터 받아내고 있다. 어느 정도까지 국가 없이도 살 수 있는지를 시험하고 있는 것이다. 역사의 한 페이지가 막 넘어가려는 순간이다.

초자본주의가 국가와 노동에 가해오는 그 두 가지 공격을 연관지어 생각하려 했던 사람이 있는가? 이른바 시장의 두 가지 적을 향한 이 싸움은, 애초에 자신의 생존을 가능하게 해주었던 것 자체로부터 해방되고 있는 한 시스템의 당연한 의지의 산물이다. 그 위력의 정점에 도달한 초자본주의는 이제 더 이상 타협할 필요가 없다. 이제 해방된 초자본주의는, 그것 자체로서인 양 오만하게, 그 어느 때보다도 당당하고 강력한 모습으로, 스스로를 일으켜 세운다. 초자본주의는 크로노스(Cronos)처럼 자기 자식들을 잡아먹어 버린다.

우선 국가를 잡아먹는다. 자본주의가 여러 세기에 걸쳐 인내심을 갖고 건설했고, 자본주의의 활동 무대인 시장을 건설하게 해주었던 국가. 너그럽게도 자본주의로 하여금 자신의 시설과 법과 경찰과 군대를 이용하게 해준 국가. 영토·식민지·무역에 대한 자본주의의 야망을 위해 서슴없이 수백만의 사람들을 희생시킨 국가. 그 점을 사람들은 잊었는가? 아니면 터무니없는 정치적 유아증(幼兒症)에 빠져, 그 모든 것이 민주주의와 진보와 시민권을 향해 나아가는 행보였다고 믿으려는 것인가?

국가 퇴장. 위대한 종복(從僕) 퇴장…. 차후로 초자본주의의 영토는 세계 전체다. 국가는 이제 지구화와 유연성이라는 거대한 펌프 속의 걸림돌에 불과하다.

그 다음은 노동이다. 자본주의는 몰골이 흉해질 때까지 노동의 생명력을 갉아먹은 다음에, 언제 그랬냐는 듯이 내던져 버린다. 남루하고 낡은 옷을 걸친 노동은 이제 제거해야 할 비용일 뿐이다. 경쟁력을 갖지 않는 한, 더 유리한 조건으로 기계를 대체할 수 없는 한, 또는 장차 노동을 제거할 능력이 없는 한은 그렇다. 두둑한 보수와 함께 로봇 고안자들이나 온갖 종류의 「군살 제거 전문가들」에게 부과되는 임무가 바로 그것이다.

자본주의는 자기 자신의 허위와 씨름하고 있다. 자본주의는 국가가 공동의 이익을 대변한다고 주장해놓고, 이제 국가를 제거해야 한다. 노동이 부와 존엄성의 유일한 원천이라고 말해놓고, 이제 노동을 제거해야 한다. 너무 신경 쓸 것 없다. 가치를 변환시키는 것이 초자본주의의 전문이니까.

나오는 말 : 정치경제학을 위하여

> 모든 것의 가격을 알고 있는, 그렇지만
> 그 어떤 것의 가치도 모르는 학문이 바
> 로 경제학이다.
>
> — 오스카 와일드 *(Oscar Wilde)* —

정치 경제학으로서의 자기 지위를 포기하고 스스로를 경제과학으로 자처하면서, 경제학은 그 근본 정신의 상당 부분을 상실했다.

어쩌면 그것이, 경제학이 일정한 도구들을 갖고 어떤 일정한 문제들을 탐구할 수 있는 조건이었으리라. 그런데 경제학은 저물어가는 이 세기 내내 그처럼 잘못된 탐구에 빠져 있었고, 결국 경제학자 말고는 어느 누구도 제기하지 않고 제기할 수도 없는 문제에 대해 그릇된 해답을 제공하는 것 말고는 이제 아무것도 할 수 없게 되었다.

최근에 말랭보는 경제학이 더 이상 『아무런 발견도 못하고 있다』[1]는 사실을 확인했다. 당연히 그는

1) 《정치경제학 리뷰(Revue d'économie politique)》, 1996년, 12월.

경제학자들에게 좀더 겸손해질 것을 충고한다. 『마치 우리가 뭔가를 밝혀내고 있는 듯이 행동해서는 안 될 것이다. 또 마치 그런 것처럼 사람들이 믿게 내버려두지도 말아야 한다. … 대중매체를 통한 파급효과가 문외한들을 속이는 데 한몫을 하고 있다.』 이러한 상황은, 대부분 경제학이 갖는 근본적이고도 불가피하게 정치적인 차원을 은폐하는 경향(근래 들어 한층 심해지고 있는)에서 비롯된 것임을 우리는 확신한다. 이론적인 관점에서나 정치경제학의 관점에서나, 최근 몇십 년 간은 앵글로색슨 학파의 연구와 방법론이 지배해왔고, 이들 대부분은 성찰을 한층 더 추상적인 이론의 세계로 이끌어갔다.

칼도어가 지적하듯이 『그들의 모델은 (경험적으로 관찰이 불가능하기 때문에) 어떠한 반론으로부터도 안전하다.』[2]

비록 덜 야심적일지는 몰라도, 정치적인 문제를 성찰의 중심에 놓음으로써 틀림없이 더 올바른 길을 택한 여느 경제학자들의 뛰어난 연구가, 연구 활동의 그러한 타락 때문에 망각 속에 묻히거나 소수의 은밀한 지식으로 변해버렸다.

일례만 들자면, 남북 관계에서의 지배-종속 현상을 부각시키는 일에 전적으로 할애된 프랑수아 페루(François Perroux)의 연구가 있다. 또는 지극히 정치적인 문제인, 성장의 과실 분배라는 문제를 축으로 성장의 메커니즘을 분석하고 있는 굿윈(Goodwin)

[2] 《통화주의의 재앙 (Le Fléau du monétarisme)》, Economica, 1985.

의 연구가 있다.

이렇게 해서 우리는 고전적인 정치경제학, 즉 스미스·리카도·마르크스의 정치경제학이 강조했던 문제의 중요성을 다시 회상하게 되고, 재발견하고 있다. 리카도가 마지막에 도달했던 지점에서 경제학적인 분석을 다시 시작하려는 의지의 산물인 《반자본주의, 정치경제학의 복권을 위한 시론》[3]이라는 저서에서(제목 자체의 입장 표명이 너무나 분명하다), 폴 파브라(Paul Fabra)가 재정식화하려 시도한 것도 바로 그러한 쟁점이었다. 불행하게도 전혀 알려지지는 않았지만 전후의 가장 중요한 이론적인 진전 중 하나로 꼽을 수 있을 피에로 스라파(Piero Sraffa)의 저작도, 동일한 관심과 동일한 리카도의 재해석에서 출발하고 있다. 『정치경제학에서의 주된 문제는 국민생산의 분배인데, 분배가 달라지면 국민생산의 규모가 바뀌는 것 같다는 사실 때문에 문제가 복잡해진다.』[4]

다시 발견해내고 탐구해야 하는 것은 그러한 문제들이다. 경제 주체들과 그 선택의 「합리성」이라는 주제의 끊임없는 변주 위에 세워져 있는 오늘날의 경향과는 완전히 대립적인 입장에서.

오늘날 자유주의 경제학자들이 준거로 삼고 있는 신고전학파, 그 신고전학파가 수행한 「정치경제학」으로부터 「경제과학」으로의 이행에 대해, 1949년 L. 폰 미제스(L. von Mises)는 다음과 같이 논평하고

3) Paul Fabra, 《반자본주의, 정치경제학의 복권을 위한 시론 (L'Anticapitalisme, essai de réhabilitation de l'économie politique)》, Flammarion, 1977.

4) Piero Sraffa, 《정치경제학 산고(Écrits d'économie politique)》, Economica.

있다.

『그것은 유용한 것과 물질적 안락의 증대를 위한 인간의 노력, 창의적 인간 행위의「경제적인 측면」에 대한 단순한 이론보다 훨씬 위대한 것이다. 선택하는 행위는 인간의 모든 결정을 규정한다. 인간이 선택 행위를 통해 다양한 물질적 대상과 서비스만을 선택하는 것은 아니다. 모든 인간적 가치가 그의 선택 앞에 주어진다. 온갖 수단과 목적, 물질적이거나 정신적인 고려, 숭고함과 천박함, 고상함과 비열함이 단 하나의 연속체로 배열되어 있고, 어떤 것을 취하거나 배제하는 하나의 선택에 그 모든 것이 종속되어 있다. 인간이 얻고 싶어하거나 피하고 싶어하는 그 어떤 것도, 이 일련의 단계와 선호의 유일한 배치상 바깥에 머무는 것은 없다. 현대의 이론은 과학의 지평을 뒤로 물리면서 경제학적인 연구의 장을 넓혀가고 있다. 그렇게 해서 고전학파의 정치경제학으로부터 인간 행위에 대한 총체적 이론 하나가 모습을 드러내고 있는 것이다.』[5]

우리가 거부하는 것은 바로 인간 행위의 유일한 이론이고자 하는, 경제학의 이 지나친 야심이다. 이 야심이 돌이킬 수 없는 정치적·윤리적인 가치의 파괴를 낳고, 결국 최악의 파국을 초래할 수 있기 때문이다. 미국의「공공선택」이론 학파가 정치와 유권자의 선택을 어떤 식으로 분석했는지 우리는 알고 있다. 이 학파의 이론을 프랑스에 소개한 급진적 자

5) L. von Mises,
《인간 행위
(Human
Action)》,
1949 ; 프랑스어
판 《L'Action
humaine》,
PUF,
1985.

유주의자 앙리 르파주(Henri Lepage)는, 『기표소에
들어선 시민으로서의 개인의 행동이 슈퍼마켓에 들
어온 소비자로서의 개인 행동과 근본적으로 다르다
고 생각할 이유가 전혀 없다』[6]고 주장한다. 인간이
지닌 가장 소중한 것, 열망, 두려움, 아이들을 시장
이 어떻게 수지맞는 상품으로 탈바꿈시키는지 우리
는 안다. 시민이 소비자가 되는 것과 마찬가지로,
윤리는 상표가 되고 가격표가 되고 있다.

체념하고 그 법칙에 순응할 수도 있다. 몇몇 지식
인들처럼 절대적인 허무주의에 빠질 수도 있고, 장
보드리야르(Jean Baudrillard)처럼 이렇게 말하는 것
으로 만족할 수도 있다. 『우리는 하나의 역사 또는
정치경제학의 후기(後記) 속에 들어와 있고, 인간
쓰레기들을 포함한 두 세기에 걸친 자본과 생산의
쓰레기들을 마주하고 있다. 30년 또는 그 이전부터
우리는 쓰레기들을 관리하고 있다.』[7]

우리는 이런 태도를 이해할 수는 있지만, 그 태도
에 결코 찬성할 수는 없다.

우리가 경영서적이나 정치 강령을 쓴다면, 당면한
현재의 가장 긴급한 임무는 체념하기를 거부하는 것
이라는 말로 결론을 맺을 수 있으리라. 또는 시적으
로 고양된 목소리로 『미래는 목전에 와 있다』고 단
언할 수도 있을 것이다. 그러나 우리는 (맹 이래로)
미래가 보수주의의 편에 서있다는 사실을 알고 있다.
따라서 우리는 신중해질 수밖에 없다. 그렇지만 신

6) Henri Lepage,
《내일의
자본주의
(Demain le
capitalisme)》,
Livre de poche,
1978.

7) Jean Baudril-
lard, 《무감각한
말기의 환자(Le
Paroxyste
indifférent)》,
Grasset, 1997.

중해진다고 해서, 초자본주의의 과도한 야심과 그 폐해에 대한 대응이 정치적일 수밖에 없다는, 나아가 고도로 정치적일 수밖에 없다는 우리의 생각이 달라지는 것은 아니다.

현실과 타협하지 않고 인간과 사회의 절대적인 요구에 부응하는 경제학으로의 회귀가 그 대응의 출발점이 되어야 한다. 참으로 기이한 것은, 현재의 자본주의에 최소한의 권위를 갖고 맞서고 있는 유일한 목소리가, 정치인들의 목소리도 아니고 철학자들의 목소리도 아닌…, 교황 요한 바오로 2세(Jean Paul Ⅱ)의 목소리라는 사실이다! 그렇지만 인간적인 가치에 대한 경멸과 이윤 추구에 대한 그의 입장은 콘돔에 대한 그의 입장 이상으로 널리 알려져야 마땅할 것이다. 장 레옹 조레스(Jean Léon Jaurès)가 말했듯이, 자본주의는 항상 『나누어서 생각할 수 없는 하나의 작용을 통해, 동시에 타락시키면서 고양하고, 종속시키면서 해방하고, 착취하면서 풍요하게 만드는』 체제로서 분석되어야 한다. 자본주의가 가져온 엄청난 진보를 인정하지 않을 수는 없지만, 그 폐해와 악습을 아무렇지도 않게 받아들인다는 것은 있을 수 없는 일이다. 자본주의체제는 방향을 설정해줄 필요가 있는, 순화시킬 필요가 있는, 맞서서 길들일 필요가 있는 체제다. 그러므로 초자본주의에 대한 대응은 정치적인 것의 절대적인 중요성을 확인하는 작업을 통해 계속되어야 한다. 뒤를 잇는 정부마다

시장경제는
상품 개발을 가능케 하는
것만을 보호한다.

「경제위원회」에 정부가 할 수 있는 일이 무엇인지 문의하는 모습을 보기보다는, 역할을 뒤집어, 바람직한 것을 실현하는 방법을 고안해보라고 경제학자들에게 요구하는 편이 효과적일 것이다. 독일의 통일에서 모범적인 예를 찾을 수 있다. 경제적인 측면에서 독일의 통일은 불가능했다. 그러나 정치적으로는 바람직한 일이었다. 그래서 통일은 실현된 것이다. 초자본주의에 대한 대응은 각 개인의 존엄성에 대한 굳건하고도 단호한 자각을 통해서만 완전해질 수 있다. 시장경제는 상품개발을 가능하게 하는 것만을 보호한다. 시장경제는 인간의 노동·욕구·열망에서부터 시작해 그 나머지 모든 것을 평가절하하고 실추시켜버린다. 시장경제가 실추시켜버리는 바로 그것을 상품에 대립시켜야 한다. 침묵 속에 슬로건도 없이 행진한 벨기에인들은, 아이들을 상품으로 탈바꿈시킨 자본주의라는 비열한 장치와 이를 방관한 사람들에 맞서, 단지 자신들의 인간적 존엄성을 내세웠을 따름이다.

　방관하지 말아야 하고, 더 이상 아무것도 간과하지 말아야 한다.

●

옮긴이 김찬우
●

전문번역가
서울대 불어불문학과와 동대학원 졸업,
박사과정 수료
서울대, 경원대 불문학과 강사 역임
논문으로 〈말라르메 연구〉가 있음.

●

경제학은 없다
―경제학, 그 200년의 오류―
●

지은이 / 미셸 무솔리노
옮긴이 / 김찬우
펴낸이 / 박용정
펴낸곳 / 한국경제신문사
등록 / 제 2 - 315(1967. 5. 15)
제1판 1쇄 인쇄 / 1999년 5월 10일
제1판 1쇄 발행 / 1999년 5월 15일
주소 / 서울특별시 중구 중림동 441
출판팀 / 360 - 4553~8
출판판매팀 / 360 - 4595~7
FAX / 360 - 4599

●

* 파본이나 잘못된 책은 바꿔 드립니다.
ISBN 89 - 475 - 2263 - 5

●

값 7,500원

한국경제신문사의 책들
― 시대를 앞서가는 이들의 선택 ―

권력이동

앨빈 토플러 著
李揆行 監譯
〈양장 / 666면 / 12,000원〉

21세기를 향해 변화하는 폭력·富·지식 등 사회 각부문의 권력격변은 어떤 형태를 취하고 있는가? 이러한 격변은 어디에서 기인하는가? 앞으로 다가올 변화를 누가 어떻게 통제할 것인가? 이 책은 세계 곳곳에서 일어나고 있는 권력의 대지진과 격변을 놀라운 통찰력으로 예견한 力著.「미래쇼크」,「제3물결」에 이은 3部作의 완결편.

미래 쇼크

앨빈 토플러 著
李揆行 監譯
〈양장 / 510면 / 10,000원〉

인간에게 격심한 변화가 닥쳤을 때 인간은 도대체 어떠한 상태에 이르게 될 것인가? 그리고 어떻게 하면 미래의 변화에 적응할 수 있을 것인가? 오늘의 현대인에게 마래의 충격적 상황을 예시하고 이를 극복할 방향을 제시하고 있는 警世의 敎訓書.

제 3 물결

앨빈 토플러 著
李揆行 監譯
〈양장 / 586면 / 11,000원〉

기존질서의 붕괴와 전자문명의 개막이 가져다 준 생활패턴의 변화라는 격랑에 현대인은 표류당하고 있다. 어떻게 이러한 새로운 時代의 질서와 생활패턴에 적응하고 나아가 이에 능동적으로 대처해 나갈 것인가를 예리한 문명비판적 시각에서 그 해결책을 제시한 이 시대 최고의 지식혁명 독본.

전쟁과 反戰爭

앨빈 토플러 著
李揆行 監譯
〈양장 / 404면 / 9,500원〉

새로운 세기로 접어들고 있는 오늘의 지구촌에서 새 문명의 등장으로 촉발된 대규모 평화위협의 실상을 파악하고「신세계질서」의 이상형을 예측하고 있다. 전쟁과 反戰爭에 관한 토플러의 방법론적 탁견은 전쟁을 예방하기 위한 평화적 해결책을 제시하고 기묘하고 신비한 미래사의 문을 활짝 열어줄 것이다.

경영혁명

톰 피터스 著
盧富鎬 譯
〈양장 / 820면 / 13,000원〉

정보화사회는 불확실성이 심화된 사회로 기업경영의 경기규칙과 새로운 경영스타일 등 생존을 위한 변화는 가히 혁명적이라 할 수 있다. 이 책은 전통적 사고에 도전하고 조직이 사람을 위해 존재할 수 있도록 변화를 유도하는 45가지 경영 실천전략을 제시한 기업경영자의「비즈니스 핸드북」

해방경영

톰 피터스 著
盧富鎬 外 共譯
〈양장 / 1,300면 / 19,000원〉

2000년대의 경영思潮는 무엇이며, 이를 주도할 기업의 생존철학은 무엇인가? 이 책은 장장 1,300여 페이지에 걸쳐 좋은 기업을 만들기 위한 조직의 창조적 파괴와 일반통념으로부터의 해방을 핵심테마로 다루고 있다. 자유분방한 필치와 수많은 은유, 패러독스가 곳곳에 번득여 방대한 분량임에도 불구하고 읽는 동안 재미와 해방감·지적 충족감을 더한다.

경영파괴

톰 피터스 著
安重鎬 譯
〈양장 / 374면 / 8,500원〉

이제 리스트럭처링·리엔지니어링으로는 급변하는 시대를 이길 수 없다. 기업의 조직은 상상을 초월하는 혁신적인 네트워크형이 되어야 한다. 이 책은 세계적 경영컨설턴트인 저자가 새롭고 번뜩이는 아이디어로, 기업을 운영하는 사람들이 재창조와 혁명을 향해 전진할 수 있도록 9개의「넘어서」를 중심으로 구체적인 혁신방안을 제시한다. 변하지 않는 기업이나 조직은 망한다는 것이 저자의 한결같은 주장이다.

강대국의 흥망

폴 케네디 著
李日洙·全南錫·黃建 共譯
〈양장 / 628면 / 13,000원〉

역사학자이자 미국 예일대 교수인 저자는 이 책에서 지난 5세기 동안에 전개되었던 강대국들의 흥망성쇠는 그들의 경제력과 군사력의 변화 추이에 의해서 좌우되어 왔다고 진단하면서 앞으로 다가오는 21세기에는 미국·소련·서유럽 등의 쇠퇴와 중국·일본 등 아시아 강국들의 부상을 예언하고 있다. 〈뉴욕타임스 선정 최우수 도서〉

21세기 준비

폴 케네디 著
邊道殷·李日洙 譯
〈양장 / 500면 / 11,000원〉

우리에게 충격을 던졌던「강대국의 흥망」저자 폴 케네디 교수가 다가올 21세기 문명세계의 각종 위기를 명쾌히 분석·정리한 力著. 이 책은 향후 30년 사이 우리에게 닥칠 도전들과 그 대응방법 그리고 인구폭발, 환경오염, 생물공학, 로봇, 통신수단, 가공할 파워의 양태 등을 특유의 통찰력으로 분석·예견하고 있다.

메가트렌드 2000

존 나이스비트 외 共著
金弘基 譯
〈양장 / 444면 / 9,800원〉

90년대는 정치개혁과 경이적인 기술혁신 등으로 인류에게 지금까지와 전혀 다른 변화양상을 안겨줄 것이다. 이 책은 90년대의 변화로 경제호전, 예술의 번영, 시장사회주의의 출현, 복지국가의 쇠퇴 등, 과거 어둡고 비관적인 세기말적 변화보다는 밝고 새로운 흐름을 부각시키고 있다.

메가트렌드 아시아

존 나이스비트 著
홍수원 譯
〈양장 / 402면 / 9,500원〉

미래예측가로 세계적 명성을 떨치고 있는 나이스비트는 21세기에는 아시아가 미국주도의 상품과 소비시장에 가장 중요한 경쟁자로 떠오를 것으로 내다보고 현재 역동적으로 변화하는 아시아의 모습을 8가지 트렌드로 분석했다. 특히 아시아와 세계라는 맥락 속에서 한국에 나타나고 있는 폭넓은 변화들을 살펴보고 한국이 아시아에 기여할 수 있는 방안도 짚고 있다.

20세기를 움직인 思想家들

기 소르망 著
姜偉錫 譯
〈신국판 / 426면 / 8,000원〉

20세기 사상계에 결정적인 영향을 끼친 사람들은 과연 누구인가? 프랑스의 저명한 경제학자이자 사회학자인 기 소르망이 29명의 생존해 있는 현대 최고의 사상가들과 직접 인터뷰를 통해 그들 자신이 선택한 분야에 전생애를 바친 사상과 사색의 놀라운 통찰을 기록·정리한「살아있는 도서관」.

資本主義 종말과 새 世紀

기 소르망 著
金廷銀 譯
〈양장 / 628면 / 13,000원〉

세계적인 석학인 저자는 자본주의 체제를 위협하는 것은「도덕적 불만」과「자본주의에 대한 몰이해」라고 주장하고 러시아·중국·독일·인도 등 20여개국의 자본주의의 현재 모습을 생생히 그리고 있다. 또한 현재의 자본주의의 위기를 극복하기 위한 구체적인 실천방안에 대해서도 통찰하고 있다. 방대한 분량인데도 르포형식이어서 전혀 지루하지 않다.

미래기업

피터 드러커 著
高柄國 譯
〈양장 / 416면 / 9,500원〉

우리 시대의 가장 뛰어난 사회·경영학자이자 미래학자인 드러커의「변혁시대 기업생존전략 연구서!」이 책은 세계경제가 빠르게 바뀌어 감에 따라 기업의 새로운 생존 경영전략 모델, 즉 기업이 살아남기 위한 5가지 변화조건을 예리하게 분석·고찰했다. 특히 사회·경제학 시각에서 세계경제 흐름을 통찰한 力著.

자본주의 이후의 사회

피터 드러커 著
李在奎 譯
〈양장 / 328면 / 9,000원〉

사회주의권의 급격한 몰락 이후 탈냉전 분위기가 고조되고 있는 시점에서 향후 세계 변화가 주요 관심사로 떠오르고 있다. 저자는 이 책에서 향후 세계는 자본주의적 시장구조와 기구는 그대로 존속되겠지만 주권국가의 통제력은 약화되고 전문지식을 갖춘 지식경영자 중심의 글로벌화 사회가 될 것으로 예측하고 있다.

미래의 결단

피터 드러커 著
이재규 譯

〈양장 / 408면 / 9,000원〉

현대 경영학의 대부, 피터 드러커는 이 책에서 「스스로를 다시 생각함으로써 회생할 수 있다」고 전제하고 기업의 5가지 치명적 실수, 가족기업을 경영하는 규칙, 대통령을 위한 6가지 규칙, 새로운 국제시장의 개발, 3가지 종류의 팀조직, 오늘날 경영자들이 필요로 하는 정보 등 바람직한 미래를 실현하기 위한 방안을 제시했다. 21세기를 위한 새롭고 시의적절한 경영지침서.

비영리단체의 경영

피터 드러커 著
현영하 譯

〈신국판 / 406면 / 8,000원〉

선진국에서는 학교, 자선단체 등 비영리단체의 경영혁신이 선풍을 일으키고 있다. 이 책은 필자가 교수생활을 하면서 비영리단체에서 봉사했던 경험을 바탕으로 조직관리, 예산 등 경영전반에 대한 문제점을 심도있게 분석하고 개선방안을 제시했다. 전문가들과의 대담을 통해 경영의 효율성을 높이기 위한 여러가지 방안이 눈길을 끈다.

트러스트

프랜시스 후쿠야마 著
구승회 譯

〈양장 / 500면 / 12,000원〉

한 나라의 경제는 규모만으로는 설명될 수 없고 문화적 요인이 중요하다. 이 문화적 요인이 사회적 자본이며 가장 중요한 덕목이 바로 신뢰다. 저자는 이 책에서 개인주의, 가족주의에 기반을 둔 저신뢰 사회의 특성을 혹독하게 비판하면서 건강한 사회가 되려면 공동체적 연대와 결속의 기술을 터득해야 하며 신뢰는 경제와 사회, 문화를 아우르는 놀라운 가치라고 강조한다.

코피티션

배리 J. 네일버프·아담 M. 브란덴버거 著
김광전 譯

〈양장 / 384면 / 9,000원〉

비즈니스 게임은 끊임없이 변하므로 전략도 당연히 변해야 한다. 경쟁(competition)과 협력(cooperation)에 관한 과거의 법칙들을 넘어서서 양자의 장점을 결합한 코피티션 전략은 기존의 비즈니스 게임을 혁신할 혁명적인 신사고다. 저자들은 게임 자체를 변화시켜서 이득을 최대화하는 방법을 .보여주는 5가지 요소(전략의 PARTS)의 비즈니스 전략을 체계적으로 제시했다.

지구의 변경지대

로버트 케이플런 著
황건 譯

〈양장 / 582면 / 12,000원〉

베일에 가려져 있던 서아프리카에서 중동을 거쳐 러시아의 외곽지대인 중앙아시아, 중국, 인도를 거쳐 캄보디아, 태국, 베트남에 이르는 대장정을 끝내고 저자가 내린 결론은 한마디로 암울하다는 것이다. 이 책은 저자가 새로운 분쟁지역으로 떠오르고 있는 지구 곳곳을 다니면서 문제점을 지적하고 혼란에 빠진 이들에게도 따뜻한 시선을 보내자고 제안하고 있다.

회사인간의 흥망

앤소니 샘슨 著
이재규 譯

〈양장 / 490면 / 9,800원〉

이 책은 17세기 동인도회사에서 현재의 마이크로소프트사에 이르기까지 기업의 변화과정과 직장인들의 문화변천사를 통해 회사인간이란 무엇인가를 규명했다. 생생한 인물묘사와 인터뷰, 사례를 곁들이면서 전혀 도전받을 일이 없을 듯이 보였던 「기업관료들」이 어떻게 레이더스, 모험기업가, 일본의 경쟁자들, 컴퓨터, 여자 회사인간들에 의해 차례차례 공격당했는가를 밝히고 있다.

금융시장 예측

김성우 著

〈양장 / 452면 / 12,000원〉

주식, 금리, 상품 등의 현물시장은 물론 선물 및 옵션 등의 파생상품시장에서도 생존할 수 있는 방법을 다양하게 제시하고 있다. 20여년간 외환시장 등 다양한 시장에서 딜러, 투자가, 분석가로 활동하며 풍부한 현장경험을 가지고 있는 저자가 시장상황에 따른 기술적 지표의 요령과 심리적 동요의 극복방안을 현장사례 중심으로 상세히 설명하고 있다.

21세기 중국

박정동 編著

〈양장 / 362면 / 9,000원〉

덩샤오핑이 사망함에 따라 곳곳에서 그 기반이 흔들리는 조짐이 나타나고 있다. 그의 체제를 이어받은 장쩌민 체제는 안정과 성장을 지속시켜 나갈 수 있을까. 과연 중국은 어떻게 변할 것인가. 아시아의 안정과 발전을 저해하는 군사대국으로 비화할 가능성이 큰 중국의 현재와 미래를 철저히 진단한 중국탐구서.

팝 인터내셔널리즘

폴 크루그먼 著
김 광 전 譯
〈신국판 / 276면 / 7,000원〉

산업위축과 실업증가, 실질소득 향상의 둔화를 비롯해 소득격차의 확대, 산업시설의 유출 등 선진 경제가 지닌 문제점을 상세히 분석하고 그 원인이 개발도상국과의 교역에 있는 것이 아니라 선진국의 산업구조 변화와 기술발전에 있다고 밝히고 있다. 레스터 서로에 필적하는 20세기 최고의 40대 경제학자인 저자가 지적하는 개도국 성장 비결은 우리에게 시사하는 바가 크다.

2020년

해미시 맥레이 著
金 光 田 譯
〈양장 / 408면 / 9,000원〉

다양한 인종만큼이나 상이한 정치·경제체제와 독특한 문화양식을 지니고 있는 세계 각국은 저마다의 주무기를 앞세워 미래를 설계하고 있다. 경제평론가인 저자는 앞으로 국가경쟁력을 결정짓는 요인은 기술이 아니라 문화라고 강조한다. 현재 세계 각국이 처해 있는 상황을 바탕으로 치밀하게 전망한 2020년경의 세계 각국의 모습에서 우리의 진로는 어떻게 모색해야 할 것인가?

제 4 물결

허먼 메이너드 2세
수전 E. 머턴스 共著
韓 榮 煥 譯
〈양장·4×6판 / 240면 / 5,000원〉

21세기의 범세계적 기업을 위한 낙관적 비전을 제시하고 있는 이 책은 한마디로 앨빈 토플러의 《제3물결》을 넘어 장기적 미래의 비전에 집중하고 있다. 지금 우리가 공업화를 상징하는 「제2물결」에서 탈공업화적인 「제3물결」로 전이하고 있지만, 머지 않은 곳에서 새로운 차원의 「제4물결」이 밀려오고 있다고 진단하고 있다.

株式市場 흐름 읽는 법

浦上邦雄 著
朴 承 源 譯
〈신국판 / 200면 / 5,500원〉

언뜻 보기에 무질서하고 예측이 불가능해 보이는 주식시장도 장기적으로 보면 특정한 네 개의 국면을 반복하고 있다는 것을 알 수 있다. 이 책은 이 네 개의 국면이 어떤 요인에 의해 순환되고 각각의 국면에서 어떤 종목이 활약하는가를 숙지할 수 있는 안목을 제시해주고 주식투자시 리스크를 피하는 방법에 대해서도 설명하고 있다.

유머人生 1~6

韓國經濟新聞社 出版部 編
〈4×6판 / 244면 / 4,500원〉

많은 독자들이 1980년 12월부터 본지에 연재되고 있는 「海外유머」를 책으로 출판했으면 어떨지, 그런 계획은 없는지 물어왔다. 이 책은 독자들의 그러한 성원에 보답하자는 취지로 출판되었으며 우스갯소리 가운데서 인생의 묘미도 느끼고 영어공부도 할 수 있게끔 어려운 단어나 語句에는 주석을 달아 독자들의 이해를 돕고자 노력했다.

성공적인 점포경영 33選

류 광 선 著
〈신국판 / 368면 / 9,000원〉

5,000만원 정도의 소자본으로, 심지어 무자본으로도 사업을 시작할 수 있는 아이디어를 담았다. 저자가 현장을 발로 뛰면서 바로 개업하기에 유망한 33개 업종을 선별, 입지선정부터 개업절차·경영 비법까지 최신 노하우를 총집결시켰다. 경영지침이나 사업의 성패진단법은 물론 직접 점포를 운영하는 사람들의 현장 목소리를 담아 차별화를 꾀했다.

부동산 경매를 잡아라

전 철 著
〈신국판 / 248면 / 6,500원〉

법원경매든 성업공사 공매든 경매는 이제 누구나 쉽게 배우고 참여할 수 있게 되었다. 경매물건에 대한 마음가짐을 얼마나 유연하고 객관적인 자세로 평가할 수 있느냐가 성공의 지름길이다. 이 책은 부동산 경매에 대한 전반적인 원리를 누구나 알기쉽게 배울 수 있도록 설명했다. 특히 실전사례중심으로 실패없는 부동산 경매 방법을 체계적으로 정리한 실전 가이드다.

임대주택을 잡아라

최 문 섭 著
〈신국판 / 230면 / 6,500원〉

최근 다양한 부동산개발 유형이 쏟아져 나오고 있지만 자신이 소유하고 있는 땅에 가장 어울리면서 수익을 많이 올릴 수 있는 방법을 찾는 것은 쉬운 일이 아니다. 이 책은 자신이 소유하고 있는 땅의 위치, 교통 여건, 주변 생활환경 등을 따져 본 후 높은 수익을 올리고 미래 발전 가능성이 있는 최적방안을 여러 사례별로 제시, 임대주택으로 투자에 성공하는 방법을 담고 있다.

일본 쪼개보기

황 인 영 著
〈신국판 / 336면 / 7,500원〉

일본이 거론하고 있는 독도문제나 잇따른 우익 망언에 대해 논리적이고 설득력 있게 대응해야 한다. 이 책은 일본의 본질을 이해하기 위해 한일관계의 역사적 배경을 추적하면서 그들의 독특한 문화와 사고방식, 행동양식을 105가지의 짧은 얘기로 분석하고 있다. 특히 역사적으로 형성된 일본 특유의 무사도 정신과 장인정신, 직업 세습풍토의 배경과 그 실체를 벗기고 있다.

대기업을 이기는 벤처비즈니스

마키노 노보루 · 강동우 著
유 세 준 譯
〈신국판 / 212면 / 5,500원〉

첨단 기술력과 재빠른 정보수집력을 갖춘 모험심 강한 중소기업이 대기업보다 훨씬 더 유연하게 시장상황에 대처하고 있으며 성공해 가고 있다. 마이크로소프트, 인텔 등이 그 예다. 이 책은 재편되고 있는 경제구조 속에서 앞서 나가고 있는 일본 벤처기업들의 사례와 실리콘밸리의 성공전략을 살펴보고 틈새시장을 공략하는 요령과 아이디어, 국제적 제휴전략 등을 다루고 있다.

시간이동

스테판 레트샤픈 著
형 선 호 譯
〈신국판 / 380면 / 9,000원〉

사람들에게 있어서 시간은 객관적인 것이 아니라 주관적인 것이다. 이 책에서 저자는 시간에 대한 사고방식을 바꿈으로써 자신의 인생에 대한 통제를 되찾을 수 있다고 강조한다. 그 과정을 통해 우리는 인생을 최대한 즐길 수 있으며 많은 시간을 우리 자신과 가족과 함께 더 한층 고양된 삶의 의미를 느낄 수 있다. 이 책은 명상서로서 자신의 삶을 컨트롤하는 방법을 제시한다.

소명으로서의 기업

마이클 노박 著
김 진 현 監譯
〈신국판 / 280면 / 7,000원〉

실업과 빈곤의 해결책은 무엇일까. 마이클 노박은 종교적 윤리 기반위에 선 민간기업만이 그 해결책이 될 것이라고 명쾌하게 주장한다. 민주자본주의 하에서 신학적 · 윤리적 기초를 갖는 기업이야말로 이윤창출기관인 동시에 민주주의와 인권을 증진시키는 기관이며 사회공동체를 만드는 기관이다. 기업의 위치, 정신의 설정과 사회관계 정립에 등불이 될 내용들이 가득하다.

마음을 치유하는 79가지 지혜

레이첼 나오미 레멘 著
채 선 영 譯
〈신국판 / 390면 / 7,500원〉

정신분석학자로서 영혼의 연금술사로 평가받는 저자는 보다 큰 평화를 가져다주는 것은 우리가 서 있는 바로 이곳, 또 이곳에서 만나는 사람들을 있는 그대로 받아들일 수 있게 해줄 치료제, 즉 영혼을 위한 약이 필요하다는데 초점을 맞추고 있다. 저자의 따뜻한 식탁의자에 영혼이 충만한 의사와 환자, 그리고 동료들이 둘러앉아 나누는 그들의 삶은 무한한 가능성의 목소리로 들린다.

복잡계란 무엇인가

요시나가 요시마사 著
주 명 갑 譯
〈양장 · 4×6판 / 284면 / 7,000원〉

세계는 복잡계(Complex System)열풍에 휩싸여 있다. 『무수한 구성요소로 이루어진 한덩어리의 집단으로 각 부분의 움직임이 총화이상으로 무엇인가 독자적인 행동을 보이는 것』으로 정의되는 복잡계, 복잡계 과학은 「잃어버린 세계로의 여행」이 될 것이다. 복잡계의 과학은 그 꿈을 현실화시킬지도 모른다. 21세기를 주도하게 될 최첨단 키워드, 복잡계의 모든 것을 담았다.

複雜界 경영

다사카 히로시 著
주 명 갑 譯
〈양장 / 224면 / 6,500원〉

복잡계 이론이 예언하는 21세기적 경영의 모든 것이 여기 있다. 복잡계는 세기말의 혼돈 속에 지식의 최첨단 이론으로 등장, 구미지역에서 폭발적인 관심을 끌고 있다. 이 이론은 세계를 몇 개의 단순한 요소로 환원할 수 없는 '부분 이상의 총화' 자기조직화의 동적 프로세스로 이해한다. 또 세계관의 근본적인 변화를 통해 탈근대시대의 새로운 경영, 경영자를 위한 경영학의 혁명을 꿈꾼다.

밀레니엄 -지난 1000년의 인류역사와 문명의 흥망-

펠리프 페르난데스-아메스토 著
허 종 열 譯
〈전 2권 / 양장 / 560면 내외 / 각권 12,000원〉

지난 1000년을 마감하고 다음 1000년을 준비하기 위해 한 시대를 평가하기 보다는 새로운 시대를 창조하려는 의도로 문명의 운명에 대해 쓴 이 책은 유럽 중심적인 위장된 세계사가 아닌 진정한 세계사 정립을 위해 역사 이면을 자리매김하려고 노력했다. 인류역사의 주도권, 즉 민족의 힘은 태평양 주변국가에서 대서양으로 다시 태평양으로 옮아가고 있다고 주장하고 있다.

21세기를 여는 7가지 키워드

오마에 겐이치 著
임 승 혁 譯
〈양장·4×6판 / 254면 / 6,500원〉

다가오는 21세기에는 서구 선진국의 뒤만을 쫓을 수는 없다. 그들을 앞서나가기 위해서는 지금까지와는 다른 창의적인 발상, 새로운 전략, 확실한 준비가 필요하다. 21세기를 능동적으로 맞이하려는 사람들에게 띄우는 오마에 겐이치의 독특한 키워드. 1. 시간축 발상 2. 신커뮤니케이션론 3. 자유재량시간 4. 글로벌경쟁시대 5. 정보발신시스템 6. 이미지전략 7. 네트워크의 힘

김삼오 박사의 알짜배기 유학 가이드

김 삼 오 著
〈신국판 / 264면 / 7,000원〉

이 책은 단순하고 개략적인 유학안내서가 아니다. 유학을 궁리하거나 이미 가기로 결정한 학생, 그들의 부모가 함께 읽는다면 참신한 아이디어를 얻을 수 있다. 유학행정을 맡은 공무원, 대학 실무자, 교수들이 읽는다면 실질적인 도움을 얻을 수 있다. 왜 유학을 가야 하는가, 무엇을 배우려 하는가, 공부는 어떻게 해야 하는가, 외국과 국내 교육의 차이에 대해 알기 쉽게 설명하고 있다.

알기 쉬운 M&A와 주식투자

제 해 진 著
〈양장 / 336면 / 10,000원〉

M&A관련 주식투자는 위험이 높은 반면에 정확한 투자를 할 경우에는 수익도 막대해진다. 따라서 과학적 분석이 필수적이다. M&A에 조금이라도 관심있는 사람을 대상으로 기본적인 M&A이론과 유의사항을 설명하면서 국내외 사례를 통해 M&A전략과 주식시장에서의 M&A 관련 주식투자 방안을 알기 쉽게 소개하고 있다.

X파일 비망록 I, II

N. E. 가인즈 著
한 경 훈 譯
〈크라운판 / 380면 / 7,500원〉

X파일 TV드라마는 오락성과 더불어 정보를 제공하는 극으로서의 역할을 충분히 하고 있듯이 이 책은 그러한 정보에 깊이를 더해주는 역할을 한다. TV극에서 못다한 X파일에 등장하는 배우들의 신상을 상세히 소개하고 멀더와 스컬리 두 요원이 펼쳤던 이론을 해부하며 퀴즈게임으로 X파일에 대한 소양을 체크한다. X파일 매니아를 위한 신세대 책이다.

드래곤 스트라이크

험프리 헉슬리·사이먼 홀버튼 著
박 병 우 譯
〈신국판 / 540면 / 8,500원〉

2001년 2월, 중국은 〈드래곤 스트라이크〉라는 암호명 아래 베트남 공습을 시작으로 세계 패권전쟁에 돌입한다. 치밀한 자료수집과 정밀한 분석을 기초로 집필한 이 책은 재미와 미래예측서로서의 장점을 겸비한 소설아닌 소설이다. 각국의 군비태세, 외교전, 세계 외환석유시장에서의 책략이 손에 잡힐 듯 생생하게 그려졌다. 정교하고 사실에 기초를 둔 예측을 했다는 평가를 받고 있다.

칭기즈칸 일족(전 4 권)

진 순 신 著
서 석 연 譯
〈전 4 권 / 신국판 / 각권 7,000원〉

전설 속에 묻혔던 칭기즈칸을 생생한 역사적 인물로 되살려 냈다. 3년여 동안 아사히 신문에 연재되어 일본열도를 열광시킨 진순신의 최신작이다. 가장 짧은 시간에 가장 넓은 영토를 차지한 칭기즈칸과 그 일족의 세계제국 건설사가 유장하게 펼쳐진다. 치열한 권력투쟁, 끊임없는 배신과 모반…… 그러나 강인한 투쟁력과 야성으로 세계경영에 성공한 칭기즈칸과 일족의 투쟁사는 위기를 맞은 우리에게 청량한 자극이 될 것이다.

안자(상·중·하)

미야기타니 마사미쓰 著
신봉승·김하중 譯
〈양장·4×6판 / 384면 내외 / 각권 6,500원〉

열국의 제후들이 대륙의 패권을 놓고 싸우는 춘추 시대를 배경으로 격동의 역사를 헤쳐나가는 명재상 안자의 일대기를 그리고 있다. 난세 속에서도 안자는 충(忠)과 의(義)를 지키며 정도(正道)만을 걷는다. 국가 경영의 참다운 모습, 인간관계의 원형을 보여주는 그의 독특한 철학을 통해 당시의 시대정신과 사회상을 조명한다.

창궁의 묘성(上·中·下)

아사다 지로 장편소설
이 주 영 譯
〈신국판 / 380면 내외 / 각권 6,500원〉

하늘보다 더 깊고 푸른 창궁(蒼穹), 그 한가운데 빛나는 숙명의 별 묘성(昴星)에 소망을 얹고 그 운명을 개척하는 청조말 풍운의 인물들의 권력과 야망을 그린 대하장편소설. 묘성을 수호성으로 태어난 가난한 말똥주이 소년 춘아는 천하의 보배를 손에 넣는다는 점쟁이의 거짓예언을 믿고 스스로 환관이 되어 천하의 여걸 서태후 자희의 측근이 되어 권력의 정점에 오른다.

20대에 사장이 되자

다나카 신스케 著
신 동 설 譯
〈신국판 / 280면 / 7,500원〉

지금 젊음과 패기로 무장한 20대 사장들의 창업 신드롬이 일고 있다. 현대는 정보화사회로 뉴비즈니스, 벤처비즈니스가 각광을 받는 시대이다. 이 시대는 유연한 발상, 번뜩이는 아이디어, 강한 실천력을 가진 젊은 세대가 이끌고 있다. 이 책은 20대에 사장이 되는 구체적인 성공전략이 담겨 있다. 특히 20대에 회사를 세운 40명의 다양한 성공사례를 들어 독립의 꿈을 실현하는 데 실제적인 도움이 되도록 했다.

21세기 오디세이

마이클 더투조스 著
이 재 규 譯
〈양장 / 496면 / 12,000원〉

20년 동안 기술 전도사, 기업가, 경영 컨설턴트로서 정보혁명을 이끌어온 마이클 더투조스는 농업혁명과 산업혁명을 밀어낼 제3의 정보혁명에 대해 보다 폭넓은 관점을 제시한다. 저자는 21세기 글로벌 정보시장의 생생한 모습을 보여 주는 한편, 그 기술적인 문제점들을 폭로하고 한편으로 해결책을 제시하여, 영감에 가득찬 미래의 청사진을 제공한다. 보디넷, 전자 코, 촉각 인터페이스의 미래를……

여성 인재파견 시스템 100% 활용하기

정 용 섭 著
〈신국판 / 225면 / 6,000원〉

기업은 여성인재를 찾고, 여성인재들은 일자리를 찾아 헤매는 것이 현실이다. 취업난과 고용난을 동시에 해결하는 통쾌한 해법이 바로 여기 있다. 인재파견 시스템이 바로 그것이다. 하고 싶은 일을 원하는 시간에 원하는 회사에서 마음껏 할 수 있는 파견스태프가 되는 방법이 잘 나와 있다. 이제 기업도 능숙한 외국어에 막강한 사무능력을 갖춘 여성인재를 적절히 활용할 수 있을 것이다.

BQ창업시대 – 중소기업 창업가이드

이 치 구 著
〈신국판 / 190면 / 6,000원〉

학교공부를 잘 한다고 사업을 잘 하는 것은 결코 아니다. 지능지수(IQ)가 높다고 사업능력이 뛰어난 것은 더욱 아니다. 사업재능은 지능지수와는 다른 또 다른 능력, 바로 실천능력을 갖춰야 한다. 믿음과 목표의식이 따라줘야 한다. 그렇다면 이 사업능력을 평가하는 방법이 없을까. 사업을 하려는 사람은 비즈니스 IQ, 즉 사업지수(Business Quotient : BQ)가 좋아야 한다. BQ 항목에 세 가지만 해당되면 사표를 써도 좋다!

신을 거역한 사람들

피터 번스타인 著
안 진 환 외 譯
〈양장 / 540면 / 12,000원〉

세계적인 경영 컨설턴트인 저자가 리스크의 역사와 발전과정을 담았다. 탁월한 통찰력으로 현재의 시점에서 미래를 다루는 방법을 밝혀낸 여러 사상가들의 이야기가 담겨 있다. 리스크를 이해하고 측정하며 그 결과를 가늠하는 방법은 주목받을 만하고, 그리스시대부터 현재까지 인류의 다양한 위기의 순간들과 이를 헤쳐나가는 과정을 역사와 철학, 경제학 관점에서 돌아본다. 투자나 선택이 일상인 경영자들을 위한 책이다.

기업 최후의 전쟁 M&A

정 규 재 著
〈양장 / 518면 / 12,000원〉

이 책은 국내시장에서 치열하게 전개됐던 실제 기업전쟁을 실감 있게 그리고 있다. 이들 전쟁은 기업지배권의 탈취나 내부의 형태로, 외부의 공격자들과 기존 소유자들 사이에서 벌어진 것이다. 한국 대표기업 간 M&A의 실상과 이면사를 상세히 분석한 이 책은 때마침 한국기업의 위기와 금융산업 개편에 대한 논란이 진행 중이어서 특히 눈길을 끈다. 기업 M&A 이면사가 한 편의 소설처럼 박진감 있게 펼쳐진다.

월가 천재소년의 100가지 투자법칙

멧 세 토 著
형 선 호 譯
〈신국판 / 344면 / 8,500원〉

10대 천재소년 멧 세토가 세운 뮤추얼 펀드의 연간 수익률은 단연 압도적이다. 이 소년은 〈월 스트리트 저널〉의 표지인물로 등장한 바 있으며, 전세계 투자자들이 조언을 듣기 위해 애쓴다. 17세에 억대 부자가 된 멧 세토가 100가지의 성공적인 주식투자 비법을 소개한다. 신선하고 반짝이는 그의 투자전략은 초보자들도 아주 쉽게 이해할 수 있으며 폭락과 반전을 거듭하는 우리 주식시장에서 성공을 보장할 것이다.

〈개정판〉
알기 쉽게 풀어쓴 새노동법 해설

윤 욱 현 著
〈신국판 / 588면 / 13,000원〉

1997년 3월 노동법이 전면 개정되었다. 개정 노동법은 개별적 노동관계법의 대명사인 근로기준법상의 변형근로시간제, 정리해고제 등을 도입하고 집단적 노동관계법에서 금지됐던 복수노조, 제3자개입, 정치활동 등을 허용했다. 이 책은 저자가 현장에서 직접 느끼고 체험한 노사간의 문제점들을 살펴보고 개정 노동법 전반을 알기 쉽게 해설한 책이다. 해당 법의 예시, 판례, 행정해석을 풍부히 들어 이해를 돕고 있다.

추락하는 일본경제

이 봉 구 著
〈신국판 / 364면 / 8,500원〉

일본이 미래에 대한 자신감을 잃고 있다. 일본경제는 물가, 부동산, 주가 등이 동반하락하는 디플레이션 현상까지 나타나는 대변혁기를 맞고 있다. 개인이나 기업의 자산이 줄고 경제성장률도 제자리걸음을 면치 못하는 사면초가의 상황에서 일본은 초조하다. 저자는 90년대 초 한국과 80년대 말 일본을 비교하면서, 일본경제의 위기와 이를 헤쳐나가려는 일본기업의 몸부림을 타산지석으로 삼으라고 제언한다.

트랜스포메이션 경영

―IMF시대의 기업생존전략―

이성용(Sunny Yi) 著
〈신국판 / 352면 / 9,500원〉

한국 유수의 기업들도 트랜스포메이션을 알고 있으며, 트랜스포메이션을 했다고 주장하는 기업도 있다. 그러나 제대로 된 트랜스포메이션을 수행한 기업은 거의 없다. 이 책은 트랜스포메이션의 필요성, 그 방법과 대상, 수행도구, 외부의 적절한 도움에 대한 정보를 망라했다. 전문용어를 극도로 자제하면서 기업경영뿐 아니라 한국경제가 나아갈 길, 제대로 된 트랜스포메이션의 방법을 요령 있게 제시했다.

열린 세계와 문명창조

기 소르망 著
박 선 譯
〈양장 / 428면 / 13,000원〉

기 소르망은 서로 다른 문화가 충돌하는 유럽, 러시아, 중국, 일본, 아프리카, 라틴아메리카의 국경으로 우리를 이끈다. 이 책은 서양인의 독백이나 나르시시즘이 아니라 바로 한반도에 대한 진단이며 치료제가 될 수 있다. 통독 이후의 문제, 북한의 실상(본문의 「아홉번째 여행」 참조)과 우리의 미래, 미국화로 상징되는 맥몽드(McMonde)의 악몽 속에서 나름대로의 대응법을 찾을 수 있기 때문이다.

신창조론

이 면 우 著
〈신국판 / 312면 / 8,000원〉

미증유의 경제위기를 맞은 한국, 한국인, 한국기업은 어디로 가야 하는가? IMF는 변화를 모르는 기업전통, 말만 많은 우매한 현자들의 득세, 재벌의 출혈경쟁, 모방으로 날새는 제조업, 부서 이기주의에 찌든 얼무절차 등 우리의 불치병을 진단하고, 국가비전, 중소기업 활성화 등 21세기 한국, 한국인의 방향을 완벽 치료하고 있다.

편집광만이 살아남는다

앤드류 그로브 著
유 영 수 譯
〈양장 / 270면 / 10,000원〉

과거와 현재의 성공에 안주하는 순간 미래의 생존근거를 잃게 된다. 경쟁에서 이겨나가는 키워드 "편집광"을 주목하라. 지루함을 모르는 직장, 도전정신으로 꽉찬 편집광 직원들, 그리고 인텔에 대한 진솔한 이야기가 담겨 있다. 예리한 판단력과 관찰력을 겸비한 그로브는 첨단산업을 경영하는데 필요한 「전략적 변곡점」을 정립·설명하고 있다.

호메로스와 테레비

데이비드 덴비 著
황 건 譯
〈양장 / 556면 / 13,000원〉

호메로스, 플라톤, 니체, 단테, 루소, 버지니아 울프까지 내노라 하는 세계적 문학·철학자들의 대표적 저서와 중요 사상을 입문서로 집필했다. 이 책은 미디어시대의 혼란속에서 삶의 지표를 찾아가는 방편으로, 독서의 순수한 즐거움을 더해주는 지적인 가이드 형식으로 구성되었다. 특히 교양쌓기에 여념이 없는 학생들도 고전을 친근하게 접할 수 있게 구성, 대학생은 물론 논술시험에도 최적이다.

진짜 장사꾼만이 살아남는다

나카지마 다카시 著
이 선 희 譯
〈신국판 / 236면 / 7,500원〉

너나 할 것 없이 불경기 속에서도 왜 다른 상점은 잘 굴러갈까? 기발한 판매전략으로 불황을 극복해가는 기업, 손님들이 언제나 북적대는 점포, 그들의 숨겨진 비밀은 무엇인가? 이 책은 IMF시대에 살아남을 수 있는 길은 오직 상품판매뿐임을 강조하고, 에스키모에게도 냉장고를 파는 판매비법 100가지를 소개했다.

실록 외환대란
이 사람들 정말 큰일내겠군

〈신국판 / 396면 / 9,500원〉

아시아 통화경제위기와 한국경제의 위기, 그 연쇄반응은 불가피해야만 했던가? 이 책은 외환위기가 우리를 덮쳐오는 가장 긴박한 순간을 현장에서 직접 지켜본 특별취재팀이 가감없이 쓴 글이다. 어떻게 외환위기를 맞았는지, 그 책임은 누구에게 있는지, 무엇이 잘못되었는지, 밝혀지지 않은 권력의 심장부와 우리의 치부를 낱낱이 공개한 경제청문회 보고서이다. 전국민을 도탄에 빠뜨린 외환대란의 실체와 진실 최초공개.